Gerd Kerkhoff

Milliardengrab Einkauf

Gerd Kerkhoff

Milliardengrab Einkauf

Einkauf –
Die Top-Verantwortung
des Unternehmers
nicht nur
in schwierigen Zeiten

WILEY-VCH

WILEY-VCH GmbH & Co. KGaA

1. Auflage 2003

Bibliografische Information Der Deutschen Bibliothek
Die Deutsche Bibliothek verzeichnet diese Publikation in der Deutschen Nationalbibliografie; detaillierte bibliografische Daten sind im Internet über <http://dnb.ddb.de> abrufbar.

Printed in the Federal Republic of Germany

Gedruckt auf säurefreiem Papier.

Satz Typomedia GmbH, Ostfildern
Druck und Bindung Ebner & Spiegel GmbH, Ulm
Umschlaggestaltung init GmbH, Bielefeld

ISBN 3-527-50067-7

Meinen Töchtern Jana und Jette gewidmet

Inhalt

Vorwort

Den Einkauf halten viele Unternehmen immer noch für ein »notwendiges Übel.« Nachhaltige Erfolge in Forschung und Entwicklung, Produktion sowie Marketing und Vertrieb gelten hingegen als gewinnentscheidend und überlebenswichtig. Eine im Extremfall sogar verhängnisvolle Fehleinschätzung, die sich häufig darauf begründet, dass die Beschaffung nicht unbedingt zu den Kernkompetenzen des Managements gehört. Provokativ formuliert, entwickelt sich der Einkauf durch diese einseitige Fokussierung für die deutsche Wirtschaft »zum Milliardengrab.« Dabei könnten, eine fundierte Beschaffungsoptimierung vorausgesetzt, in fast jedem Unternehmen durchschnittlich 10 Prozent der Einkaufskosten eingespart und damit der Rendite zusätzliche Schubkraft verliehen werden: Bei einem Großkonzern mit einem Einkaufsvolumen von 25 Milliarden Euro wären dies 2,5 Milliarden Euro, bei einem typischen mittelständischen Unternehmen mit einem Beschaffungsvolumen von 50 Millionen Euro immerhin 5 Millionen Euro. Diese Aussage lässt sich mit den Erfahrungen belegen, die meine Mitarbeiter und ich während unserer jahrelangen Tätigkeit als Consultants für Beschaffung in Unternehmen der unterschiedlichsten Größenordnungen sowie aus den verschiedensten Branchen gemacht haben.

Mit diesem Buch möchte ich deshalb Geschäftsführer, Vorstände sowie Einkaufsmanager und deren Mitarbeiter motivieren, jetzt die Initiative zu ergreifen und mit Hilfe unserer praxiserprobten Methodik ihre Einkaufsabteilungen zu einem Ertragsgenerator zu machen. Rund 200 Millionen Euro haben wir in der Vergangenheit durch konsequente Beschaffungsoptimierung für unsere Kunden eingespart. Und dies ist uns sogar in Unternehmen gelungen, die überzeugt waren, einen optimal funktionierenden Einkauf zu besitzen. Von diesen Erfahrungen und Strategien werden Sie auf den folgenden Seiten erfahren und daraus profitieren.

Reduzierte Einkaufskosten wirken sich nicht erst mittel- oder langfristig auf das Unternehmensergebnis aus. Sie tragen unmittelbar zu einem verbesserten Ergebnis bei. So optimieren Unternehmen einerseits das Potenzial, Wachstum aus eigener Kraft zu finanzieren, und andererseits die Refinanzierungskonditionen. Schließlich machen die Kreditinstitute mittlerweile zumindest die Zinshöhe, gegebenenfalls sogar die Kreditvergabe selbst, vom Ergebnis eines Ratings abhängig.

Wer die verborgenen Ertragspotenziale in seinem Beschaffungsressort aufspürt und erschließt, verbessert aber nicht nur die finanzielle Situation des Unternehmens entscheidend. Gleichzeitig erfahren die Mitarbeiter des Einkaufs einen wichtigen Motivationsschub. Denn der Beschaffung einen höheren Stellenwert einzuräumen, bedeutet auch, die Abteilung auf die gleiche Ebene zu stellen wie Forschung und Entwicklung, Produktion sowie Marketing und Vertrieb. Ich halte dies für eine längst überfällige Maßnahme. So bekommen die Einkäufer endlich die Chance, ihr Know-how in strategische Unternehmensentscheidungen einzubringen.

Ich habe bewusst darauf verzichtet, die Effizienz von modernem Beschaffungsmanagement mit Hilfe von komplizierten Formeln oder wissenschaftlichen Erläuterungen aufzuzeigen. Stattdessen möchte ich Ihnen einen leicht verständlichen und nutzwertorientierten Leitfaden bieten, mit dessen Hilfe Sie Defizite in Ihrem eigenen Umfeld identifizieren und pragmatische Lösungsmöglichkeiten implementieren können.

Bedanken möchte ich mich bei unseren Kunden, meinen Ansprechpartnern bei den Banken und meinen Mitarbeitern für die großartige Unterstützung unseres Buchprojektes. Besonders hervorheben möchte ich meine Partner Ralph Markert, Christian Michalak und Dirk Schäfer, die mir zahlreiche wertvolle Hinweise gegeben haben. Ohne die exzellente Koordination, das Research und die redaktionelle Bearbeitung durch Yurda Yilmaz und meine Frau Stefanie Kerkhoff hätte dieses Buch jedoch nicht entstehen können.

Sollten Sie Fragen oder Anregungen zum Thema Beschaffungsoptimierung haben, freue ich mich auf eine E-Mail (g.kerkhoff@kerkhoff-consulting.de).

Düsseldorf, im Oktober 2003 *Gerd Kerkhoff*

Kapitel 1
›Wenn's um Einkaufen geht, halten wir uns alle für Weltmeister‹

Glaubt man McKinsey, einer der ersten Adressen der internationalen Strategie- und Managementberatungen, haben wir unsere »Geiz ist geil«-Lektion längst gelernt: In einer aktuellen Studie küren die Consultants die deutschen Verbraucher zum Europameister in der Disziplin »Preisbewusstsein.« Und dennoch ist die Maxime, die auf der privaten Agenda ganz oben steht, in den deutschen Unternehmen noch lange nicht Standard. Ein fataler Irrtum führt zu einer gewaltigen Kapitalvernichtung: Der Einkauf deutscher Unternehmen spielt zwar meist nur Kreisklasse, hält sich aber für weltmeisterlich. Wenn das gesamte Beschaffungsvolumen bei zirka einer Billion Euro liegt und die Potenzialwerte gestaffelt angelegt würden, dann kann sich jeder vorstellen, welche Potenziale in Milliarden-Euro-Höhe in Deutschlands Unternehmen bislang nicht erschlossen wurden.

Diejenigen, die sich für die Champions League warmlaufen, können kaum mit einem Sympathiebonus rechnen: Vielleicht erinnern Sie sich noch daran, welches Aufheulen durch die Presselandschaft ging, als 1987 der Spanier Dr. Ignacio Lopez de Arritura zum ersten Mal als Chefeinkäufer von General Motors Europe auf Einkaufstour ging. Den völlig verunsicherten Zulieferern trieb es vor Aufregung und schierer Verzweiflung den kalten Angstschweiß auf die Stirn. Es dauerte nur ein paar Wochen, bis die Branche den Basken zumindest genauso fürchtete wie der Teufel das Weihwasser. Dass ein Einkäufer ihre Produktionsanlagen und die Effizienz ihrer Produktionsprozesse in Augenschein nehmen wollte, war ihnen vorher noch niemals passiert. Jahrzehntelange, sichere Umsatz- und Ertragsquellen drohten zu versiegen. Den Zulieferern wurde das Massensterben vorausgesagt.

Ein Spanier rüttelte eine ganze Branche aus dem ›Dornröschen-Schlaf‹

Es kam jedoch in vielen Fällen völlig anders: Lopez führte konsequent den Weltbeschaffungsmarkt in den Einkaufsprozess, Global Sourcing genannt, ein. Mit den daraus resultierenden Benchmarks wurden die Bestandslieferanten quantifiziert. Häufig empfanden die betreffenden Unternehmen diese Benchmarks jedoch als unrealistisch. Es gelang dem Spanier allerdings, die Bestandslieferanten durch Kontinuierliche-Verbesserungsprozess-Workshops vom Gegenteil zu überzeugen. So entwickelte sich zum Beispiel der Besuch der Lopez-Mannschaft nicht nur für Siemens zum Produktivitäts-Turbo. Bei der Inspektion einer Fertigungsstraße für Klimaanlagen entdeckte die Crew des Opel-Managers bei dem Elektronik-Multi ungenutzte Produktivitätspotenziale von sagenhaften 46 Prozent und lieferte gleich noch die Anleitung, um die vorhandenen Defizite zu beseitigen. »Ganz nebenbei« verkürzte Lopez mit seinem Team auch noch die Durchlaufzeit der Montagelinie um 85 Prozent. Der Materialbestand wurde um 95 Prozent gesenkt. Schließlich verminderten sich die Produktionskosten für Siemens um satte 20 Prozent. Völlig klar, dass der Spanier nicht als Robin Hood der Zulieferbranche unterwegs war, sondern von den Opel-Lieferanten für seine Tipps zur Profitabilitätssteigerung entsprechende Preiszugeständnisse haben wollte. Heute geben viele Zulieferer, die in der Ära Lopez noch zu den erklärten Gegnern seiner unkonventionellen Methoden gehörten, unumwunden zu, dass sie ohne seine Anleitungen ihre dringend notwendige Restrukturierung wohl niemals begonnen, geschweige denn erfolgreich durchgeführt hätten.

Als Lopez 1993 zu Volkswagen wechselte, erweiterte er den Global-Sourcing-Prozess um den so genannten Forward-Sourcing-Prozess, der in der Folgezeit eine erheblich höhere Bedeutung für den gesamten Einkaufsprozess hatte. Der Forward-Sourcing-Prozess beinhaltet das Finden von Entwicklungspartnern, die anhand eines Pflichten-/Lastenheftes zu vorgegebenen Kosten eine frühere Kostentransparenz und verbunden mit Life-Time-Contracts eine neue Qualität in der Lieferantenpartnerschaft schufen. Durch das konsequente Einbinden des Beschaffungsmarktes in den Entwicklungsprozess konnten Milliardenbeträge bei der Entwicklung der neuen

Automobilgeneration eingespart werden. Diesem Beispiel folgten fast alle anderen deutschen Automobilproduzenten.

Würde der ehemalige Opel-/VW-Einkaufschef in weiten Teilen der Öffentlichkeit nicht immer noch im Zwielicht stehen, wäre er wohl heute der ungekrönte Weltmeister der Einkäufer. Niemals konnte jedoch überzeugend geklärt werden, ob der Baske bei seinem Wechsel in den VW-Vorstand tatsächlich geheime Unterlagen mitgenommen hatte. Auch seine Art, sich und seine engsten Mitarbeiter fast schon wie eine Sekte zu präsentieren, ließ »Inaki«, wie ihn seine Anhänger heute immer noch nennen, in einem eigentümlichen Licht erscheinen. Schließlich sorgte sein unrühmlicher Abgang bei Volkswagen auch nicht gerade für ein positives Echo in der Presse. Im Gegenteil: Man präsentierte ihn damals als einen der wesentlichen Gründe für die gewaltige Qualitätskrise der Wolfsburger. Mich wundert diese Fehleinschätzung nicht. Denn alle Zulieferer, die eindeutig von der Verbesserungsoffensive des Einkaufsvorstandes profitierten, hielten sich zurück, als es darum ging, »Inakis« Leistungen zu bestätigen. Nur die Verlierer – und die gibt's nun mal immer – meldeten sich später lautstark zu Wort. Für mich bleibt Lopez deshalb trotz allem der erste Top-Manager, der den hohen Stellenwert des Einkaufs erkannt und entsprechend reagiert hat.

In Einkaufsabteilungen verkümmern gewaltige Renditepotenziale

Mit dieser Einschätzung stehe ich keineswegs alleine da. Zum Beispiel wundert sich Dr. Thomas Ludwig, Vorstandsvorsitzender der ThyssenKrupp Serv AG, »dass nach der Automobilindustrie keine andere Branche reagiert und Ähnliches initiiert hat.« Der Chef des weltweit engagierten Dienstleistungsunternehmens weiß aus eigener Erfahrung als ehemaliger Einkaufschef, welche gewaltigen Renditepotenziale durch konsequentes Beschaffungsmanagement generiert werden können. Er hält es deshalb für selbstverständlich, »den Einkauf immer wieder auf den Prüfstand zu stellen und nach immer noch vorhandenen Defiziten zu suchen.« Diese regelmäßigen Checks müssen nach Ludwigs Überzeugung Chefsache sein oder zumindest von einem Mitglied der Unternehmensleitung kontrolliert werden. Von der ausreichenden Qualifikation der Einkaufsleiter ist der Vorstandsvorsitzende nämlich überhaupt nicht überzeugt: »Viele von ihnen sind längst nicht so qualifiziert wie die Führungsteams in anderen Ressorts.« Für den ThyssenKrupp Serv-Chef ein unverzeihliches Defizit, »denn nirgendwo anders kann man so schnell Geld verdienen wie im Einkauf. Gerade produzierende Unternehmen brauchen dort deshalb absolute Top-Leute.« Es stört den Vorstandsvorsitzenden denn auch überhaupt nicht, wenn er mit seiner Kritik an der Eignung der Beschaffungsmanager den Zorn der Betroffenen auf sich zieht: »Es sind ganz einfach Tatsachen, die ich kritisiere, weil ich sie immer wieder erlebe.«

Allerdings genießt der Einkauf in nur wenigen anderen Unternehmen einen derart hohen Stellenwert wie bei ThyssenKrupp Serv. Viel häufiger sieht die Firmenleitung die Beschaffung als »ungeliebtes Stiefkind« und vernachlässigt das Ressort dementsprechend. Damit wird der Einkauf zum Milliardengrab der deutschen Wirtschaft. Bei unseren Beratungsprojekten in Unternehmen jeder Größenordnung und aus fast jeder Branche senken wir die Beschaffungskosten im Durchschnitt um 13 Prozent. Schon aus diesen Maßnahmen resultieren Ertragssteigerungen in Millionenhöhe.

Der Fokus liegt je nach Branche auf Forschung und Entwicklung, Vertrieb und Marketing

Warum dieses Desinteresse von Managern, die ansonsten knallhart auf Umsatz- und Ertragssteigerung fixiert sind? Dafür gibt es eine ganz einfache Begründung, die bei den Betroffenen bestimmt nicht auf begeisterte Zustimmung stoßen wird: Die meisten Vorstände und Geschäftsführer konzentrieren sich – je nach Branche – eher auf Forschung und Entwicklung, Finanzierung, Controlling, Vertrieb und Marketing, anstatt die Schubkraft zu nutzen, die optimiertes Beschaffungsmanagement dem Unternehmensergebnis verleiht. Kaum einer von ihnen hat während seiner Karriere auch nur wenigstens für kurze Zeit Erfahrungen im Einkauf gesammelt. Es klingt vielleicht zynisch, wenn ich behaupte: Der Einkauf gilt in vielen Betrieben als Sammelbecken für alle mehr oder weniger verdienten Mitarbeiter, die man nicht unbedingt vor die Tür setzen oder für die man sich die Abfindung sparen will. Entsprechend unattraktiv stellt sich der Einkauf denn auch für den Nachwuchs dar. Für mich ist diese Einstellung völlig klar. Möchten Sie vielleicht Ihre berufliche Laufbahn in einem Bereich starten, in dem Dienstwagen nahezu unbekannt sind und das Dienst-Handy oft schon als übertriebener Luxus gilt? Möchten Sie in einer Abteilung arbeiten, die in der Achtung der Kollegen aus den anderen Ressorts knapp vor der Poststelle rangiert? Und schließlich müssen Sie sich als Einkäufer häufig auch noch den Spott von Freunden und Bekannten gefallen lassen, die Sie als »diplomierter Bleistift-Besteller« oder »kleinkarierter Pfennigfuchser« titulieren. Hin und wieder ist an der Tätigkeitsbeschreibung »diplomierter Bleistift-Besteller« tatsächlich etwas dran. Denn komplexe Bestellungen erledigen die Fachabteilungen in vielen Fällen gleich selbst, ohne den Einkauf einzuschalten. Damit wird der Einkäufer quasi zum Schrankenwärter degradiert, der an einer längst stillgelegten Zugstrecke seinen Dienst tut.

Einkauf muss zur Chefsache werden

Selbst Banken und Sparkassen, die von ihren Kunden betriebswirtschaftliche Spitzenleistungen fordern, leisten sich solche »Schrankenwärter« oder verzichten darauf, einen Zentraleinkauf zu installieren. So beschafft nach wie vor eine Vielzahl von Filialen und Geschäftsstellen Büro- und Geschäftsausstattung in eigener Regie und damit zu deutlich überhöhten Preisen. Moderne Beschaffungstechniken sind in der Bankenwelt nahezu unbekannt. So fand der Bundesverband Materialwirtschaft, Einkauf und Logistik e. V. (BME) im Rahmen einer Umfrage heraus, wie wenig sich vor allem die Vorstände großer Institute um eine effiziente Beschaffung kümmern. 15 Prozent der befragten Geldhäuser wussten noch nicht einmal annähernd, mit wie vielen Lieferanten man zusammenarbeitet. Die Höhe des jährlichen Beschaffungsvolumens war ihnen nur vage bekannt. Fast bei jedem zweiten Institut ist die Verantwortung für die Beschaffung erst in der dritten Hierarchieebene, dem Middle Management, angesiedelt. Kein Gedanke, das Thema, wie vom ThyssenKrupp Serve-Vorstandsvorsitzenden Dr. Ludwig gefordert, zur »Chefsache« zu machen.

Und mit der Qualifikation der Mitarbeiter steht es auch nicht gerade zum Besten: Nur knapp 20 Prozent der Einkäufer großer Banken und Sparkassen besitzen einen Hochschulabschluss. Noch schlimmer sieht es bei den mittleren und kleineren Häusern aus. Hier haben gerade mal 2,6 Prozent beziehungsweise 8,5 Prozent der Beschaffer eine Fachhochschule oder Universität besucht. Ein erschreckendes Ergebnis, das die betriebswirtschaftliche Kompetenz und Weitsicht vieler Institute ziemlich in Frage stellt. Dementsprechend negativ fällt auch die Kritik des BME aus, auch wenn sich die Experten bemühen, die desolate Lage in halbwegs moderate Worte zu kleiden. So kann »das Qualifikationsniveau bezüglich notwendiger Basisqualifikationen als ›nicht genügend‹ eingeschätzt werden.« Im organisatorischen Bereich machte der Verband »teils elementare Mängel vor allem in der institutionellen und personellen Zuweisung der Verantwortung für Einkaufs- und Beschaffungsvorgänge« aus. Fazit des BME: »Die Einkaufsfunktionen werden in ihrer Wertigkeit häufig unterschätzt. Ihre Möglichkeiten bleiben teilweise sogar völlig unbeachtet. Zudem nutzt kaum ein Institut den Einkauf zur Verbesserung seiner Ertragslage.« Statt massiv Personal zu entlassen und ihre ohnehin belasteten Budgets mit Abfindungen in Millionenhöhe weiter zu strapazieren, hätten die Geldhäuser mit einer Restrukturierung der Beschaffung wesentliche Potenziale erschließen können.

In der Abteilung, die nicht nur keine Anerkennung genießt, werden die Mitarbeiter auch noch traditionell schlecht bezahlt. So hat die Vergütungsberatung Watson Wyatt im Jahr 2001 für Einkäufer Jahresbezüge von durchschnittlich 40 000 Euro ermittelt. Vertriebsmitarbeiter lagen dagegen bei zirka 74 000 Euro. Einen Dienstwagen durfte nur 1 Prozent der Beschaffer fahren, während rund 75 Prozent der Kollegen aus dem Vertrieb einen Anspruch auf einen Firmenwagen hatten. Wen wundert es dann noch, dass im Einkauf irgendwann der große Frust ausbricht. In so einem Moment schlägt die große Stunde der Verkäufer. Letztere, zu denen ich selbst einmal gehört habe, nutzen frustrierte Einkäufer gnadenlos aus, um ihre Preisvorstellungen durchzusetzen. Ein paar Schmeicheleien genügen häufig schon, um dem demotivierten Beschaffer einen lukrativen Auftrag zu entlocken. Meine ehemaligen Berufskollegen besitzen aber nicht nur psychologisches Talent, sie sind meistens auch noch geniale Schauspieler. Ginge es darum, einen Oscar für die Sparte »Jammern auf höchstem Niveau« zu verleihen, wüsste ich viele, die den Preis wirklich verdient hätten. Bei unseren Beratungsaufträgen erleben wir immer wieder, wie einige der traditionellen Einkäufer leider auf diese schauspielerischen Meisterleistungen mit der gewünschten Auftragsvergabe reagieren, und das, ohne lange über Preise und Lieferkonditionen verhandelt zu haben.

Ein Plädoyer für unsere Einkäufer

Viele Einkaufschefs und deren Teams werden meine herbe Kritik wahrscheinlich als Amoklauf eines Beraters werten, der mit einer völlig übertrieben dargestellten Situationsbeschreibung nur auf seine Dienstleistung aufmerksam machen will. Ich könnte diese Reaktion durchaus verstehen. Mir geht es aber in keiner Weise darum, einen ganzen Berufsstand zu diffamieren. Im Gegenteil: Meine Kollegen und ich sind angetreten, dem Einkauf und seinen Mitarbeitern endlich den Stellenwert zu verleihen, der ihnen gebührt. Sie werden in diesem Buch deshalb auch kein einziges Wort über das leidige Thema Bestechlichkeit lesen, gegen das sich Einkäufer immer wieder zur Wehr setzen müssen.

Mein Anliegen ist es, das Idealbild einer Einkaufsabteilung aufzuzeigen und zu demonstrieren, welche enormen zusätzlichen Ertragsquellen sich durch ein motiviertes und hoch qualifiziertes Beschaffungsteam erschließen lassen. Dazu gilt es zunächst, die Geschäftsleitung zu einer neuen Sichtweise von Funktion und Potenzial der Abteilung zu bewegen. Das kann jedoch nicht funktionieren, ohne besonders plastische, reale Beispiele aus dem unternehmerischen Alltag zu präsentieren. Mit deren Hilfe lassen sich die vorhandenen Schwachpunkte und deren Auswirkungen auf die Mitarbeiter am besten überzeugend darstellen. Das heißt also, die vorgestellten Einkäufer reagieren auf ihr Umfeld und die Freiräume, die man ihnen einräumt. Sie sind demnach keinesfalls von Natur aus unwillig oder unqualifiziert.

Wie eng die Freiräume für viele Beschaffer sind, beweist allein schon die Tatsache, dass die Damen und Herren rund 80 Prozent ihrer Arbeitszeit damit verbringen müssen, administrative Tätigkeiten auszuüben. Auf einen derart eintönigen Alltag würde auch ich nicht gerade mit überdurchschnittlichem Einsatz reagieren. Gott sei Dank besinnen sich inzwischen immer mehr Unternehmen darauf, ihre Beschaffungsressorts organisatorisch neu auszurichten. Dazu gehört zum Beispiel der Telekommunikationsanbieter debitel. »Bei uns mussten die Einkäufer vor der Neuausrichtung rund 70 Prozent ihrer Arbeitszeit für administrative Tätigkeiten aufwenden und konnten dementsprechend nur zu 30 Prozent strategisch-operativ tätig werden«, bilanziert Dr. Jörg E. Wilhelm, Leiter Einkauf und Logistik bei dem Stuttgarter Unternehmen und berichtet über die aktuelle Situation: »Jetzt ist das Verhältnis genau umgekehrt, mit der Folge, dass die Einkäufer nach einem entsprechenden Training-on-the-job während der Neuausrichtung sich nunmehr mit der eigentlichen operativen und strategischen Beschaffung beschäftigen können. Die Verwaltungsarbeit wird, soweit standardisierbar, weitestgehend den EDV-Systemen unter Verwendung des E-Procurements überlassen. Mithin können sich die Beschaffer jetzt in erster Linie mit dem Produkt, dem Lieferanten sowie dem jeweiligen Beschaffungsmarkt auseinander setzen.«

Die Einkäufer von Reiner Meindl dürfen sich über einen ähnlichen Motivationsschub freuen. Der Geschäftsführer der Heinz Holding GmbH & Co. KG aus dem oberfränkischen Tettau verlieh seinen Beschaffern einen deutlich höheren Stellenwert als in der Vergangenheit. »Früher kauften bei uns viele Stellen in eigener Regie ein, ohne den Einkauf einzubinden«, berichtet Meindl. Neue Strukturen schreiben jetzt vor, wesentlich mehr über die Fachabteilung zu beziehen. Damit erhöhte sich das Selbstwertgefühl der Einkäufer des ältesten und weltweit führenden Herstellers von hochwertigen Glasverpackungen drastisch. Keine Frage für das Heinz-Beschaffungsteam, die Geschäftsleitung bei der Umstrukturierung und deren Umsetzung nach allen Kräften zu unterstützen. Meindl selbstkritisch: »Es hat uns schon ziemlich erstaunt festzustellen, wie unzureichend unsere Beschaffung früher organisiert war.« Von solcher Einsicht können die Einkäufer in vielen anderen Unternehmen nur träumen. Ihnen bleibt häufig nichts anderes übrig, als sich mit ihrer misslichen Situation abzufinden. Kein Wunder also, dass derart Frustrierte zu Reaktionen, wie in den nachfolgenden Fallbeispielen dargestellt, neigen.

Es ist also höchste Zeit, den Einkauf konsequent auf den Prüfstand zu stellen, alte Strukturen aufzubrechen und gemeinsam mit einem motivierten Team modernes, effizientes Beschaffungsmanagement zu betreiben. Einkäufer, die endlich attraktive berufliche Perspektiven bekommen und herausfordernde Tätigkeiten zu erfüllen haben, schaffen im Unternehmen die Basis für einen überaus ertragsfokussierten Einkauf. Der Erfolg solcher Restrukturierungsmaßnahmen stellt sich schon innerhalb weniger Wochen ein, viel schneller als es über gängige Verfahren, wie beispielsweise durch den Personalabbau, möglich ist.

Meine Aufforderung, initiativ zu werden, gilt nicht nur für große Firmen. Insbesondere der Mittelstand muss sich in Zeiten, in denen die Banken im Rahmen von Basel II immer höhere Anforderungen an die Bonität stellen und Ertragssteigerungen über Preiserhöhungen nahezu ausgeschlossen sind, dem brandaktuellen Thema stellen. Potenziale, die Beschaffung zu optimieren, gibt es reichlich. Selbst dann, wenn Sie als Unternehmer das Gefühl haben, in Ihrem Einkauf liefe alles bestens. Sogar langjährige persönliche Freundschaften zwischen Lieferant und Unternehmer sind längst kein Garant für wirklich exzellente Konditionen. Im Gegenteil.

Der Erfolgsweg heißt »strategisches Beschaffungsmanagement«. Wie diese effiziente Art des Einkaufens auch in Ihrem Unternehmen funktioniert, werde ich Ihnen auf den folgenden Seiten beweisen. Und das nicht nur mit Worten, sondern mit einer Vielzahl von überzeugenden Beispielen. Also: »Heben Sie die noch nicht genutzten Ertragspotenziale, damit Ihr Einkauf nicht zum Millionengrab wird.« Ihre Mitarbeiter werden Ihnen Ihr Engagement danken und dazu beitragen, die angestrebten Ziele möglichst rasch zu erreichen. Fazit: Von strategischem Beschaffungsmanagement profitieren Unternehmen und deren Mitarbeiter gleichermaßen. Damit wird das Buch nicht nur zu einem Leitfaden für die Geschäftsleitung, sondern auch für alle Einkäufer, die nicht in Alltagsroutine ersticken wollen, sondern richtungsweisende Aufgaben erfüllen möchten.

Kapitel 2
Einkauf: Ertragsgarant in allen Unternehmenssituationen

Weder moderne Managementtheorien noch die Forschung haben sich bis Ende der neunziger Jahre intensiv mit dem Thema strategische Beschaffung auseinander gesetzt. Auch in den Biografien namhafter Manager wird man ebenfalls vergeblich nach deren zukunftsweisenden Leistungen in der Beschaffung suchen. Nur der ehemalige VW-Vorstandschef Ferdinand Piëch räumt dem Einkauf in seiner »Auto.Biografie« ein ganzes Kapitel ein. Aus gutem Grund, denn Piëch war, als Volkswagen fast vor dem Ruin stand, überzeugt, den Konzern nur über eine einschneidende Neuausrichtung des Einkaufs retten zu können. Es ist ihm gelungen.

Erst im Rahmen von E-Procurement, also der Nutzung von internetbasierten Informations- und Kommunikationstechnologien zur Unterstützung der Beschaffung, begann der Einkauf seit 2001 etwas mehr in den Fokus zu rücken. Aber auch in diesem Zusammenhang blieb der Blickwinkel meistens verengt: Der Austausch eines einzigen Instruments wird selten die Qualität eines Orchesters insgesamt verbessern. Und: Das Instrument muss mit den übrigen harmonieren. Es fehlt ein systematischer, ganzheitlicher Ansatz. So bleiben die tatsächlichen Potenziale – ob zur Steigerung des Firmenwerts, als Teil einer nachhaltigen Sanierung oder zur Refinanzierung einer Übernahme (Mergers & Acquisitions) – nach wie vor weitgehend ungenutzt.

Ich gebe natürlich zu, dass der Bereich Einkauf für einen Außenstehenden zunächst wenig Charme besitzt. Geht es doch beim modernen strategischen Beschaffen zunächst erst einmal darum, vorhandenes Zahlenmaterial buchhalterisch aufzuarbeiten – eine analytische Basis zu schaffen. Hier sind also anfangs eher Durchhaltevermögen und die Bereitschaft, eine Menge Zeit in akribische und weitgehend mechanische Arbeiten zu investieren, gefragt, anstatt im Kollegenkreis bereits frühzeitig über kreative strategische

Lösungsansätze zu diskutieren. Ist die notwendige Datenerhebung und -auswertung jedoch erledigt, wird ein ertragsorientierter Einkauf zu einem strategisch wichtigen Kompetenzzentrum: Es gilt, auf dieser analytischen Basis eine leistungsfähige Beschaffungsstrategie zu entwickeln und konsequent umzusetzen. Auch Champions können besser werden.

Holger Hoffmann, Geschäftsführer der Vossloh-Schwabe Matsushita Electric Works GmbH, gehörte anfangs auch zu den Skeptikern, obwohl er mit seinem Team »ständig auf der Suche nach Kostenoptimierungsmöglichkeiten ist, um unsere gute Position gegenüber dem Wettbewerb zu festigen.« Heute gesteht das Mitglied der Geschäftsführung eines der weltgrößten Hersteller von elektrotechnischen und elektronischen Bauteilen für Lichttechnik freimütig ein: »Ich dachte nicht, dass man im Materialbereich so viel herausholen könnte.« Mittlerweile freut sich Hoffmann besonders, dass »sich der Erfolg der Maßnahmen sofort auf den Ertrag durchschlägt.« Deshalb empfiehlt Hoffmann, möglichst in den ersten Monaten eines Jahres mit der Neuausrichtung des Einkaufs zu beginnen, »damit die Erfolge sich bereits in einem verbesserten Jahresergebnis widerspiegeln.«

Wie Beschaffungsoptimierung Sanierungen erleichtert

Personalreduzierungen belasten Unternehmen, die ohnehin bereits in finanziellen Engpässen stecken, über Gebühr mit zusätzlichen Verpflichtungen für Sozialpläne und Abfindungen. Bis die ersten Mitarbeiter nicht mehr auf der Gehaltsliste stehen, dauert es in der Regel Monate. Positive Auswirkungen von Entlassungen auf die Gewinn- und Verlustrechnung machen sich deshalb erst zeitverzögert bemerkbar, der Liquiditätsbedarf wird auf Grund der sofort zahlungswirksamen Kosten des Sozialplans kurzfristig stark steigen. Eine ähnliche Liquiditätsbelastung resultiert aus Standortschließungen oder der Kündigung von Mietverträgen für Immobilien. Da die Liquiditätsposition von Unternehmen in einer Sanierung ohnehin meist schwach ist, sind die notwendigen Maßnahmen zur langfristigen Entlastung oft kaum finanzierbar.

»Bei notwendigen Restrukturierungen ist die Finanzierbarkeit der schwierigste Faktor. Es muss schnellstmöglich zusätzlicher Cashflow generiert werden«, bestätigt Hans-Christian Semmler. Häufig erlebt der Spezialist für Firmensanierungen, »dass Manager versuchen, nicht betriebsnotwendiges Vermögen unter extremem Zeitdruck und meist unter Wert zu verkaufen. Mit den erzielten Erlösen lassen sich die bestehenden finanziellen Engpässe jedoch nur selten überbrücken.« Seit Anfang 2003 führt Semmler die Berliner Haupt Pharma AG als Vorstandsvorsitzender. Das Unternehmen hat sich mit seinen rund tausend Mitarbeitern und acht Standorten zum größten europäischen pharmazeutischen Auftragshersteller entwickelt. Mit einem konsequenten Sanierungsprogramm bringt Semmler die Aktiengesellschaft jetzt auf einen neuen, auf nachhaltiges Ertragswachstum fokussierten Kurs. Dabei ist die gründliche Reform des Einkaufs für den erfahrenen Sanierer »ein wesentlicher Baustein der Restrukturierung.« Verbesserte Einkaufskonditionen, geringere Lagerbestände sowie längere Zahlungsziele reduzieren die Kapitalbindung und den Liquiditätsbedarf drastisch. So lassen sich notwendige Restrukturierungsmaßnahmen, die mit einem hohen Liquiditätsbedarf verbunden sind, finanzieren. Wer diese zusätzlichen Liquiditätsreserven nutzt, um in viel versprechende Entwicklungsprojekte zu investieren und neue Märkte zu erschließen, wird gestärkt aus der Sanierung hervorgehen.

Damit wird Beschaffungsoptimierung zum einfachsten und effizientesten Werkzeug für die kurzfristige Sanierung von in finanzielle Turbulenzen geratenen Unternehmen.

Die Aufgabe, Lieferanten zu überzeugen, einem angeschlagenen Unternehmen attraktive Preis- und Lieferkonditionen einzuräumen, gestaltet sich natürlich ungleich schwieriger als die Einkaufsverhandlungen eines wirtschaftlich gesunden Abnehmers. Dieses Problem resultiert nicht nur aus der Tatsache, dass ein Zahlungsverzug fast automatisch zu angespannten Lieferantenbeziehungen führt oder das Risiko des Forderungsausfalls für den Lieferanten steigt. Ein weiterer Grund liegt leider in der Qualifikation der Einkaufsabteilungen gefährdeter Firmen. Sie verdient in den meisten Fällen ein glattes »mangelhaft«, oft sogar ein »ungenügend.« Strategische Konzepte, die den Ertrag für das eigene Unternehmen erhöhen und Lieferanten auf eine problemlose längere Zusammenarbeit schließen lassen, können in solch einem Umfeld kaum entstehen. Außerdem gelten die Mitarbeiter in Bedrängnis geratener Unternehmen meist nicht gerade als vertrauenswürdige Verhandlungspartner.

Ein neues Management sowie unabhängige Berater sind in vielen Fällen in der Lage, die überlebenswichtige Glaubwürdigkeit wiederherzustellen. So lässt sich den Lieferanten eine Perspektive aufzeigen und die Basis für aussichtsreiche Verhandlungen schaffen. Forderungsverzicht und Teilzahlungsvereinbarungen gehören zu den wichtigen Themen solcher Gespräche. Im Wesentlichen geht es aber darum, plausibel zu machen, dass es für den Zulieferer durchaus sinnvoll ist, die Geschäftsbeziehungen weiter aufrechtzuerhalten. Die Aussichten, bei solchen diffizilen Besprechungen ein positives Ergebnis zu erzielen, sind besser, als Sie vielleicht denken.

Häufig hilft »ein wenig Psychologie«, selbst allzu starrsinnige Zulieferer auf eine gemeinsame Zukunft einzustimmen. Kaum ein Lieferant reagiert begeistert, wenn er hört, dass ein langjähriger Kunde in wirtschaftliche Bedrängnis geraten ist und womöglich von einem Wettbewerber übernommen werden könnte, der ebenfalls auf der Kundenliste steht. Dann heißt es nämlich, die Preise offen zu legen. Unangenehm und gleichzeitig teuer für den Zulieferer, wenn der Käufer feststellt, dass er jahrelang mehr als sein einstiger Wettbewerber gezahlt hat. Grund genug für Lieferanten, die Konditionen vorsichtshalber bei beiden Kunden auf ein einheitliches Niveau zu bringen. Derart Benachteiligte bestehen nämlich meist knallhart auf Rückerstattung der zu viel gezahlten Beträge und nutzen zukünftig Bündelungseffekte. Ganz zu schweigen von dem erheblich gestörten Vertrauensverhältnis zwischen Abnehmer und Lieferant. Die Marschrichtung für Einkaufsverhandlungen während Sanierungsphasen muss also heißen: Machen Sie dem Gesprächspartner unbedingt klar, dass Sie auf jeden Fall selbstständig bleiben wollen und nicht über den Verkauf des Unternehmens an einen Konkurrenten nachdenken. Ein detaillierter Liquiditätsplan mit klar fixierten Zahlungsterminen, gegebenenfalls auch für Teilbeträge, trägt zusätzlich dazu bei, Lieferanten gewogen zu stimmen.

So wirkt sich die betriebliche Beschaffung auf die Gewinn- und Verlustrechnung aus:

Bereich	**Auswirkungen durch**
Umsatzerlöse	–
Herstellkosten	→ Konditionenoptimierung
Bruttoergebnis vom Umsatz	
Forschungs- und Entwicklungskosten	→ Beteiligung der Lieferanten z. B. über Konzeptwettbewerbe
Vertriebskosten	–
Allgemeine Verwaltungskosten	→ Minimierung des operativen Aufwands
Sonstige betriebliche Erträge	–
Sonstige betriebliche Aufwendungen	→ Konditionenoptimierung
Beteiligungsverhältnis	–
Ergebnis aus Finanzanlagen	–
Zinsergebnis	→ Optimierung des Zinsergebnisses z. B. durch verbesserte Zahlungsziele
Operatives Ergebnis	
Steuern vom Einkommen und vom Ertrag	–
Außerordentliches Ergebnis	–
Jahresüberschuss	
Gewinnvortrag aus dem Vorjahr	–
Anteil anderer Gesellschafter am Ergebnis	–
Einstellungen in die Gewinnrücklage	–
Bilanzgewinn	→ Nachhaltige Erhöhung des Bilanzgewinns durch ein optimiertes Bilanzergebnis

Das folgende reale Fallbeispiel verdeutlicht, wie stark die betriebliche Beschaffung die Bilanz eines Unternehmens beeinflusst.

	Ohne optimierte Beschaffung in Euro	Mit optimierter Beschaffung in Euro	Ersparnis in Prozent
Umsatzerlöse	285000	285000	
Herstellkosten	–189525	–170572	10
Bruttoergebnis vom Umsatz	95475	114428	
Forschungs- und Entwicklungskosten	– 22800	– 22116	3
Vertriebskosten	– 42750	– 42750	
Allgemeine Verwaltungskosten	– 11400	– 9690	15
Sonstige betriebliche Erträge	2850	2850	
Sonstige betriebliche Aufwendungen	– 5700	– 4845	15
Beteiligungsverhältnis	1425	1425	
Ergebnis aus Finanzanlagen	2850	2850	
Zinsergebnis	– 450	– 445	1
Operatives Ergebnis	19500	41707	
Steuern vom Einkommen und vom Ertrag	– 5100	– 5100	
Außerordentliches Ergebnis	– 460	– 460	
Jahresüberschuss	13940	36147	
Gewinnvortrag aus dem Vorjahr	5667	5667	
Anteil anderer Gesellschafter am Ergebnis	– 794	– 794	
Einstellungen in die Gewinnrücklage	– 2138	– 2138	
Bilanzgewinn	16675	38882	

Zwei Projekte aus unserer Beraterpraxis

Erstes Projekt

Fakten:

- Das Unternehmen: ein Produzent mit drei Standorten in Deutschland sowie Vertriebsgesellschaften in Europa
- Umsatz: 150 Millionen Euro pro Jahr
- Einkaufsvolumen: 70 Millionen Euro pro Jahr
- Bestandsvolumen: 28 Millionen Euro
- Standortübergreifendes Category-System mit integriertem Supply-Chain-Management
- Übergeordneter strategischer Einkauf zur Bestandsführung

Ist-Situation	Auswirkung	Optimierung
Kein funktionierendes Bestandscontrolling	Zu hohe Kapitalbindung	Aufbau eines effizienten Bestandscontrollings
Heterogene Qualifikation der Disponenten	Über-/Unterbestände	Neustrukturierung des Supply Managements
Fehlende Abstimmung mit den Categories	Mangelhafte Bestandsstruktur	Neustruktuierung des Category Managements
Fehlende Absatzplanung	Über-/Unterbestände	Aufbau Absatzplanung

Effekte der Beschaffungsoptimierung:

- Bestände um 27 Prozent reduziert – 8 Millionen Euro zusätzlicher Cashflow
- Finanzierungsaufwand um 42 Prozent minimiert – 1,4 Millionen Euro eingespart
- Finanzierungszeitraum um 20 Prozent verkürzt
- Reichweite um 45 Prozent verringert

Zweites Projekt:

Fakten:

- Das Unternehmen: ein Auftragshersteller mit acht Standorten in Europa
- Umsatz: 112 Millionen Euro pro Jahr
- Einkaufsvolumen: 52 Millionen Euro pro Jahr – davon verhandelbares Beschaffungsvolumen: 25 Millionen Euro
- Auslastung: 60 Prozent
- Produktion je Standort teilweise unterschiedlich
- Eigenverantwortliche Standorte
- Dezentrale Beschaffung, teils über zentral verhandelte Rahmenvereinbarungen

Ist-Situation	Auswirkung	Optimierung
Kein funktionierender Zentraleinkauf	Suboptimale Steuerungsmöglichkeiten	Aufbau eines Zentraleinkaufs inkl. Handbuch
Kein leistungsfähiger Einkauf (zentral/dezentral)	Einkaufskonditionen zu hoch	Lieferanten-management/ Training-on-the-job
Keine Datentransparenz durch unterschiedliche Warenwirtschaftssyteme	Mangelhafte Bündelungseffekte	Aufbau eines einheitlichen Materialstamms
Unterschiedliche Erfüllung der Verbindlichkeiten	Teils Vorkasse	Lieferanten-management/ Controlling

Effekte der Beschaffungsoptimierung:

- Direkte Beschaffungskosten um 2,1 Millionen Euro pro Jahr reduziert

Wie Beschaffungsoptimierung den Firmenwert steigert

Niedrigere Beschaffungskosten verbessern das Ergebnis direkt, erhöhen durch den Multiplikatoreffekt den Verkaufspreis eines Unternehmens deutlich und heben Liquiditätsreserven. Eine interessante Alternative für Private-Equity-Fonds, Venture-Capital-Geber und bei Mergers & Acquisitions (M&A)-Transaktionen. Josef Broich, Partner der Frankfurter Rechtsanwaltskanzlei Broich, Bayer, von Rom, empfiehlt ebenfalls, dem Einkauf wesentlich mehr Beachtung zu schenken. Dem deutschlandweit anerkannten Spezialisten für M&A-Transfers stellt sich vor dem Hintergrund der Vielzahl von gescheiterten Übernahmen die Frage, »ob einige Transaktionen nicht vielleicht von vornherein falsch angelegt waren, weil bei deren Vorbereitung der Bereich Einkauf weitgehend unbeachtet blieb«.

Ein Beispiel für die Effizienz optimierter Beschaffung bei Unternehmenstransfers:

Ein Unternehmen mit 50 Millionen Euro Jahresumsatz, einer durchschnittlichen Materialquote von 40 Prozent und einer fiktiven jährlichen EBIT-Marge (Betriebsergebnis vor Zinsen, Ertragssteuern und außerordentlichem Ergebnis) von 5 Prozent erwirtschaftet ein

Ausgangssituation 2003

Umsatz	50,0 Mio. Euro	
Materialeinsatz	– 20,0 Mio. Euro	40,0% vom Umsatz
EBIT	2,5 Mio. Euro	5,0% vom Umsatz
Working Capital (WC)*	5,0 Mio. Euro	10,0% vom Umsatz

* WC = Forderungen + Vorräte - Verbindlichkeiten

Ziel: Verdoppelung des EBIT innerhalb von 4 Jahren
Annahme: Zinsen 8 %, Steuern 35 %

	Variante Umsatzerhöhung				**Variante Beschaffungserhöhung**			
	2003	2004	2005	2006	2003	2004	2005	2006
Umsatz (Mio. Euro)	50,0	66,7	83,3	100,0	50,0	50,0	50,0	50,0
Materialeinsatz (Mio. Euro)	–20,0	–26,7	–33.3	–40,0	–20,0	–17,5	–17,5	–17,5
EBIT (Mio. Euro)	2,5	3,3	4,2	5,0	2,5	5,0	5,0	5,0
Materialquote in %	40,0	40,0	40,0	40,0	40,0	35,0	35,0	35,0
WC in %	10,0	10,0	10,0	10,0	10,0	8,8	8,8	8,8
Unternehmenswert (Mio. Euro)	15,0	20,0	25,0	30,0	15,0	30,0	30,0	30,0
Kapitalstruktur								
Eigenkapital (Mio. Euro	6,0				6,0			
Fremdkapital (Mio. Euro)	9,0	8,1	8,2	7,9	9,0	8,1	4,9	2,0
EBIT (Mio. Euro)	2,5	3,3	4,2	5,0	2,5	5,0	5,0	5,0
Veränderung WC (Mio. Euro)		–1,7	–1,7	–1,7		0,6	0	0
Zinsen (Mio. Euro)	–0,7	–0,6	–0,7	–0,6	–0,7	–0,6	–0,4	–0,2
Steuern (Mio. Euro	–0,9	–1,2	–1,5	–1,8	–0,9	–1,8	–1,8	–1,8
Tilgung (Mio. Euro)	0,9	–0,1	0,4	1,0	0,9	3,2	2,9	3,1
	2003	2004	2005	2006	2003	2004	2005	2006
Unternehmenswert (Mio. Euro)	15,0	20,0	25,0	30,0	15,0	30,0	30,0	30,0
./. Fremdverbindlichkeiten (Mio. Euro)	8,1	8,2	7,9	6,9	8,1	4,9	2,0	–1,1
= Cashflow (Mio. Euro)	6,9	11,8	17,1	23,1	6,9	25,1	28,0	31,1
Investitionen (Mio. Euro)	–6,0	–6,0	–6,0	–6,0	6,0	–6,0	–6,0	–6,0
Rückfluss 2003 (Mio. Euro)	6,9				6,9			
Rückfluss 2004 (Mio. Euro)		11,8				25,1		
Rückfluss 2005 (Mio. Euro)			17,1				28,0	
Rückfluss 2006 (Mio. Euro)				23,1				31,1
IRR in %	15,1	40,0	41,9	40,1	15,1	104,7	67,1	50,9
Money Multiple	1,2	2,0	2,9	3,8	1,2	4,2	4,7	5,2

Betriebsergebnis von 2,5 Millionen Euro. Für das Working Capital (Forderungen + Vorräte ./. Verbindlichkeiten) wird eine Relation von 10 Prozent vom Umsatz angenommen, für Zinsen auf Fremdkapital 8 Prozent und für Steuern 35 Prozent auf das EBIT. Bei der Übernahme im Jahr 2003 hat die Gesellschaft einen Wert von 15 Millionen Euro. Bei einer konventionellen Transaktionsstruktur lässt sich der Erwerb mit 6 Millionen Euro Eigenkapital sowie 9 Millionen Fremdkapital durchführen. Um das Betriebsergebnis auf 5 Millionen Euro zu verdoppeln, müsste der Umsatz auf 100 Millionen Euro steigen – eine wenig realistische Vorgabe. Vorausgesetzt, die Gesellschaft steigert ihren Umsatz bis zum Jahr 2006 auf tatsächlich 100 Millionen Euro, so bewirkt – bei unverändertem Materialaufwand und gleichbleibender EBIT-Marge – der Anstieg des Working Capitals eine erhebliche Kapitalbindung, so dass das Akquisitionsdarlehen nur eingeschränkt bedient werden kann. 2006 ergibt sich damit eine Internal Rate of Return (IRR) von 40,1 Prozent mit einem Money Multiple von 3,8.

Im Vergleich zu dieser äußerst risikoreichen Variante, die auch mit einer aufwändigen Anpassung von Kapazitäten und Prozessen verbunden wäre, generiert die Beschaffungsoptimierung deutlich spürbare Vorteile. Eine Reduzierung von 12,5 Prozent auf das Beschaffungsvolumen von 20 Millionen Euro senkt die Materialquote auf 35 Prozent und würde das Ergebnis – bei gleichem Umsatz – bereits 2004 um 2 Millionen Euro auf 5 Millionen Euro verbessern. Die Umsatzrendite steigt auf 9 Prozent. Ein Private-Equity-Fonds könnte durch die erhöhte Rentabilität auf Grund von Multiplikator- und Leverage-Effekten gleich mehrfach profitieren. Die extrem positive Auswirkung auf das Working Capital würde zu zusätzlicher Liquidität und einer beschleunigten Tilgung des Akquisitionsdarlehens führen. Für das Jahr 2006 ergäbe sich eine IRR von 50,9 Prozent mit einem Money Multiple von 5,2. Da der Unternehmenswert bereits im Jahr 2004 auf 30 Millionen Euro erhöht werden würde, könnte bei einem Verkauf sogar eine IRR von 104,7 und ein Money Multiple von 4,2 erzielt werden.

Konsequente Beschaffungsoptimierung spiegelt sich aber nicht nur in einem höheren Firmenwert wider. Sie verleiht auch jeder Bilanz eine wesentlich höhere Attraktivität und macht das Unternehmen für den Kapitalmarkt interessanter. Dieser Effekt lässt sich mit wenig Aufwand erzielen: Die neu verhandelten Preise werden in die vorhandene Planung übernommen, damit reduziert sich der Materialaufwand. Die Folge: Der künftige Gewinn, die liquiden Mittel und damit die Rückzahlungs-/Renditeperspektive für Kapitalgeber verbessern sich.

Wie Beschaffungsoptimierung zur Refinanzierung einer ›Firmenhochzeit‹ beiträgt

Für Außenstehende klingt es schier unglaublich. In der Praxis ist es guter Brauch: Große Unternehmen, besonders Handelsketten, bitten die Lieferanten häufig zur Kasse, wenn sie sich mit einem oder mehreren ihrer Wettbewerber zu einem neuen, noch schlagkräftigeren Konzern formieren. »Hochzeitsrabatt« heißt diese unverhohlene Aufforderung an die Lieferanten, den Kauf eines Unternehmens zu bezuschussen, um damit weiterhin auf der Liste der Zulieferer zu verbleiben. So gilt es als offenes Geheimnis, dass die Summe der Hochzeitsrabatte hin und wieder sogar höher ausfällt als der gesamte Übernahmepreis.

Unternehmenszusammenschlüsse werden aber nicht nur durch einmalige Zahlungen der Lieferanten subventioniert. Die als »Merger« bezeichneten Firmenehen erschließen gerade im Einkauf langfristige Synergieeffekte. So bringt zum Beispiel die Bedarfsbündelung eindeutige Preisvorteile. Die spätere Rabattierung auf Grund von abgenommenen Mengen verbessert sich ebenfalls.

Bereits im Vorfeld einer Übernahme ist die Bereitschaft zu Preiszugeständnissen häufig recht hoch. Denn viele Lieferanten befürchten, dass der Transfer an den Tag bringt, welche unterschiedlichen Preise sie ihren Kunden in der Vergangenheit abverlangt haben. Ganz schnell wollen sie dann bestehende Konditionenunterschiede zwischen den Unternehmen ausgleichen. Die Frage nach einem Hochzeitsrabatt wird in solchen Fällen wesentlich schneller mit einem klaren »ja« beantwortet. Natürlich sehen aber auch die beteiligten Einkaufsressorts den Preisvergleichen mit Skepsis entgegen. Sie laufen Gefahr, sollte ihr Unternehmen teurer als der neue Partner eingekauft haben, sich für ihre mangelhafte Arbeit in der Vergangenheit rechtfertigen zu müssen. Und das wird ihnen häufig nicht überzeugend gelingen.

Häufig lassen sich die entstandenen Potenziale jedoch nicht zu 100 Prozent ausschöpfen, weil sich weite Bereiche im Unternehmen gegen die Folgen eines zusammengelegten Einkaufs sperren. Denn eine zentrale Beschaffung bedeutet in vielen Fällen die Trennung von langjährigen Lieferanten sowie die Abkehr von traditionellen Logistik- und Produktionsverfahren. So erleben wir häufig, dass ein Zusammenschluss die Zahl der Zulieferer eher vervielfacht als – wie es mit Hilfe einer konsequenten Lieferantenkonsolidierung möglich wäre – deutlich reduziert hat. Detaillierte Ausschreibungen sowie kritische Lieferantenbewertungen schaffen die Basis für diese dringend notwendigen Auswahlprozesse.

Natürlich muss die Konsolidierung auch zum ständigen Pflichtprogramm eines einzelnen Unternehmens gehören. Wir kennen nur ganz wenige Firmen, die streng darauf achten, die Zahl ihrer Bestandslieferanten in einem möglichst engen Rahmen zu halten und deren Potenziale immer wieder auf den Prüfstand zu stellen. Die Folge: Es werden mit großem Zeitaufwand Angebote von Lieferanten eingeholt, die tatsächlich gar nicht in der Lage sind, das spezifische Produkt zu einem realistischen Preis anzubieten, oder nur über unzureichende Kapazitäten verfügen. Ganz zu schweigen von den gewaltigen Mengen an Informationsmaterial, mit dem ineffiziente Zulieferer die elektronischen und traditionellen Briefkästen der Unternehmen verstopfen. Ein Beispiel aus der Praxis: Ein Mittelständler aus unserem Kundenkreis bezog allein seine Werbeartikel von 22 Lieferanten. Inzwischen wurde die Zahl drastisch auf nur einen Zulieferer reduziert. Der jetzt einzige Lieferant produziert einen großen Teil der Produkte selbst und ordert alle anderen Artikel für seinen Auftraggeber. Gleichzeitig übernimmt er die Logistik sowie den Versand an die verschiedenen Unternehmensstandorte und die Kunden. Was zunächst für den Einkäufer völlig unmöglich erschien, trat dennoch ein: Die Präsente gelangen pünktlich zu den Empfängern. Die Einkäufer, die früher einen Teil ihrer knappen Zeit damit verbrachten, Kontakt zu den Zulieferern zu halten, können sich jetzt auf strategische Aufgaben konzentrieren.

Kapitel 3
Vom traditionellen Einkauf zum modernen Beschaffungsmanagement

Dem Zulieferer wird in kurzen Worten mitgeteilt, dass er »schnellstmöglich« ein bestimmtes Produkt liefern soll. Das ist, etwas plakativ dargestellt, immer noch der übliche Bestellvorgang in vielen Einkaufsabteilungen. Fragen nach Preisen, möglicherweise verbesserten Konditionen oder womöglich das Einholen von Vergleichsangeboten des Wettbewerbs? Meistens Fehlanzeige. Viele klassische Einkäufer lieben es immer noch eher traditionell. Sie bauen nach wie vor auf langjährige Beziehungen zu ihren Lieferanten aus dem Umfeld, statt die Angebote anderer Zulieferer einzuholen und strategisches, also auf nachhaltiges Ertragswachstum fokussiertes Beschaffungsmanagement zu betreiben. Die Furcht, für Lieferengpässe bislang noch nicht bekannter Lieferanten verantwortlich gemacht zu werden, und die fehlende Kontrolle des Einkaufs durch die Geschäftsleitung sind wesentliche Gründe für diese betriebswirtschaftliche Unterlassungssünde. Und so ganz unbequem ist diese Situation für den Einkäufer natürlich auch nicht.

So bricht oft nicht gerade Begeisterung aus, wenn unsere Berater in die Einkaufsabteilungen kommen und die Geschäftsleitung ihren Mitarbeitern die konsequente Neuausrichtung des Ressorts verkündet. Marktsättigung, Margenrückgang, Preisverfall und steigender Wettbewerbsdruck erzwingen die Abkehr vom klassischen Einkauf hin zum modernen Beschaffungsmanagement.

Die Wertschöpfungstiefe sinkt kontinuierlich

Die Reform der Beschaffung besitzt also hohe Priorität. In Forschung und Lehre wird der Einkauf zwar über alle Unternehmen und Branchen hinweg als Unterstützungsfunktion herausgestellt, aber als Forschungsgegenstand nur unzureichend thematisiert. Die Auswirkungen von Erfolgen oder Misserfolgen der Einkäufer auf die Bilanz des Unternehmens sind jedoch heute gewaltig. Nach einer Untersuchung, die Dr. Christopher Jahns, Lehrbeauftragter an der Technischen Universität München, 2003 durchführte, liegt der Materialanteil bezogen auf den Umsatz bei produzierenden Unternehmen bei rund 55 Prozent. Damit erhält die Beschaffung eine für den Unternehmenserfolg herausragende Bedeutung. In zirka fünf Jahren wird der Anteil der eigenproduzierten Leistungen bei gerade 15 bis maximal 25 Prozent liegen. Die Wertschöpfungstiefe sinkt also immer weiter. Die Beschaffung muss damit fast automatisch immer mehr in den Fokus eines ertragsorientierten Unternehmens rücken.

Eine einfache Beispielrechnung beweist, wie stark sich bereits eine minimale Einkaufskostenreduzierung auf die Umsatzrentabilität auswirkt.

Einsparungen von 1,5 Prozent lassen sich nach unseren Erfahrungen bis auf ganz wenige Ausnahmen völlig problemlos realisieren. Sogar Werte von 10 Prozent und mehr sind durchaus möglich. Uns ist es zum Beispiel 2002 gelungen, die Einkaufskosten unserer Kunden nachhaltig um durchschnittlich 13 Prozent zurückzufahren.

Werkzeuge, um die Weichen im Einkauf auf Erfolg zu stellen, gibt es reichlich. Heute genügt beispielsweise die Eingabe eines Produkts in eine Internet-Suchmaschine, um in Sekundenschnelle weltweite Transparenz über dessen Hersteller zu bekommen. Per Internet lassen sich auch erste Kontakte zu möglichen internationalen Lieferanten knüpfen und Preisangebote einholen. Effizient geknüpfte Logistikketten ermöglichen Just-in-time-Lieferungen. Damit wird es völlig gleichgültig, ob Sie Ihren Bedarf im direkten Umfeld des

Abb. Wertschöpfungskette Quelle: Gerd Kerkhoff Consulting GmbH

	Einkaufskostenreduzierung Keine	1,5%	5%	10%
Personalkosten	25	25	25	25
Einkaufskosten	52	51,2	49,4	46,8
Sonstige Kosten	23	23	23	23
Gesamtkosten	100	99,2	97,4	94,8
Netto-Umsatz	105	105	105	105
Netto-Umsatz – Gesamtkosten = Gewinn	5	5,8	7,6	10,2
Gewinnsteigerung		+ 16%	+ 52%	+ 104%
Umsatzrentabilität	4,8	5,5	7,2	9,7

Unternehmens decken oder bei einem Betrieb ordern, der in einem anderen Land produziert. Voraussetzung: Qualitätsvorgaben müssen in entsprechend detaillierten Ausschreibungen formuliert sein.

Richtig verstandenes – und in die Praxis umgesetztes – modernes Beschaffungsmanagement entwickelt sich also blitzschnell zum Rendite-Turbo für ein Unternehmen. Der ehemalige VW-Vorstandschef Ferdinand Piëch war wohl der erste deutsche Konzernlenker, der diese Abhängigkeit erkannt und für die dringend notwendige Restrukturierung seines Unternehmens genutzt hat. Grund genug für den nicht immer geliebten Top-Manager, in die Qualifikation seines Einkaufs zu investieren und mit alten Traditionen zu brechen. Die Folgen dieses damals misstrauisch betrachteten Schritts überzeugten schließlich auch die größten Zweifler und setzten Meilensteine in der Automobilindustrie.

Piëch bewies aber nicht nur unternehmerische Weitsicht, sondern auch Mut. Er installierte eine Einkaufsleitung mit hoher Qualifikation, die bisher praktizierte Verfahren grundsätzlich in Frage stellte. Solche »high potentials« in den bislang von vielen nicht gerade mit Hochachtung betrachteten Einkauf zu locken, bedarf allerdings attraktiver Anreize. Ein Ausbrechen aus dem bislang meist überaus engen Gehaltsgefüge für Mitarbeiter im Einkauf wird deshalb in vielen Fällen unumgänglich, genau wie eine nachdrückliche Aufwertung des Ressort-Stellenwerts. Diese Mehrausgaben für qualifizierte Einkäufer wird Ihnen ein moderner Beschaffungsmanager aber »hoch verzinsen.«

Schulungen beziehungsweise Weiterbildungsmaßnahmen, um die vorhandene Mannschaft auf die Bewältigung der neuen Anforderungen vorzubereiten, sind unverzichtbar. Dabei bringen jedoch klassische Rhetorik- und Argumentationstrainings wenig. Training-on-the-job heißt nach unseren Erfahrungen das einzig Erfolg versprechende Verfahren, um Einkäufern klassischer Prägung praxiserprobte Strategien für den zielgerichteten Umgang mit professionellen Verkäufern zu demonstrieren. Bislang darf sich ein Einkäufer im Durchschnitt nur alle drei Jahre in einem Training fit für den Job machen. Seine Kollegen aus dem Verkauf sind nach der bereits zitierten Studie der Technischen Universität München rund acht Tage pro Jahr in Sachen Weiterbildung unterwegs. Diese Zahlen unterstreichen die deutlichen Unterschiede in der Wertschätzung von Einkauf und Verkauf einmal mehr.

Total Cost of Ownership wird zum Renditemotor

Solche Defizite wiegen umso schwerer, da die Beschaffung mit immer komplexeren Anforderungen konfrontiert wird. So spielt der aktuelle Preis einer Ware heute längst nicht mehr die wichtigste Rolle bei der Entscheidung für oder gegen einen Lieferanten. Beschaffung nach »Total Cost of Ownership (TCO)«-Gesichtspunkten heißt die Basis.

Die TCO-Betrachtung bezieht alle Nebenkosten für den Erwerb eines Produkts in die Kalkulation mit ein. Damit kann die eigentliche Ware eines Anbieters in einigen Fällen sogar etwas teurer sein, wenn er zum Beispiel bereit ist, just-in-time zu liefern, seinem Auftraggeber also Lagerkosten zu ersparen oder dessen Prozesse zu verschlanken. Dies ist bei einem Möbelproduzenten der Fall, der früher große Mengen hoch empfindlicher Fernsehgeräte zum Einbau in seine Schrankwände einlagerte. Hohe Kapitalbindung, Kosten für die Lagerhaltung sowie das Beheben von Beschädigungen an den eingelagerten Geräten erhöhten den ursprünglich günstigen Preis für die Fernseher deutlich. Inzwischen werden die empfindlichen TV-Apparate produktionssynchron angeliefert. Der Produktpreis liegt jetzt zwar etwas höher, die eingesparten Zusatzkosten für die Lagerung überkompensieren den Mehraufwand jedoch deutlich.

Wie wenig sich der Produktpreis auf die tatsächlichen Kosten auswirkt, zeigt die Beispielrechnung für eine Zündspule:

Einkaufspreis der Spule	12,00 Euro
+ Transaktionskosten für z. B. Bedarfsmeldung, Bestellabwicklung, Genehmigungen, Buchungsvorgänge	63,00 Euro
+ Kosten während des Produktlebenszyklus von 15 Jahren, z. B. Zwischenlagerung, Reklamationsaufwand, zyklische Wartungskosten, Lieferantenaudits	75,00 Euro
Gesamtpreis	150,00 Euro

Den traditionellen Einkäufer wird dieses Verfahren häufig überfordern. Er konzentriert sich nach wie vor ausschließlich darauf, den Bedarf zu decken, der ihm aus einer Abteilung gemeldet wird. Die Auswahl der Lieferanten liegt dann meist noch nicht einmal in seiner Verantwortung. Ausfüllen und Weitergabe der Bestellformulare, Reklamations- und Rechnungsbearbeitung sowie die Terminkontrolle nehmen hingegen den größten Teil seiner Zeit in Anspruch.

Verständlich, dass unter diesen Umständen selbst für überdurchschnittlich engagierte Einkäufer kein Raum bleibt, Markttransparenz zu schaffen und damit den Grundstein für strategisches Beschaffungsmanagement zu legen. Und dazu gehören nicht nur die umfangreiche Lieferantenrecherche, sondern auch spontane und exakte Antworten auf Fragen wie etwa »Was tut der Wettbewerb?«, »Welche Mengen wurden in der Vergangenheit von einem Produkt zu welchem Preis geordert?« Damit muss sich der Einkauf zu einer Art Informationsbroker entwickeln – weg von seiner bisherigen Position, die sich häufig auf Handlangertätigkeiten beschränkt. Hier sollten die Abteilungen notwendige Details über den Markt und Lieferanten abrufen können. Hier sollten Zulieferer einen kompetenten Ansprechpartner finden, der ihnen für alle Rückfragen zur Verfügung steht.

Dieses klare Bekenntnis zu einer offensiven Beschaffung steht jedoch immer noch häufig im Widerspruch zum lautstark geäußerten Ärger über die »Halsabschneider« in den Einkaufsabteilungen. Dabei generiert eine kreative Beschaffung, die ihre Zulieferer in die

Pflicht nimmt, vorhandene Produktionsprozesse kritisch auf den Prüfstand stellt und optimiert, erhebliche Vorteile für die Verbraucher. Damit wird zum Beispiel der Aldi-Beschaffungschef schnell zum Kundenliebling, weil er die erzielten Preisnachlässe zum großen Teil an die Käufer weitergibt.

Beschafft wird überall – im In- und selbstverständlich auch im Ausland. Das wissen beispielsweise die Aldi-Lieferanten ganz genau. Sie stellen sich den knallharten Verhandlungen jedoch mit dem Bewusstsein, nach Auftragserteilung auf einen verlässlichen Partner zählen zu können, der sich strikt an die festgelegten Bedingungen hält. Viele Konkurrenten der genialen Albrecht-Brüder könnten sich an diesem Einkaufsprinzip durchaus ein Beispiel nehmen, anstatt ihre Zulieferer immer wieder mit neuen Forderungen zu konfrontieren.

Die Automobilindustrie hat deutlich gemacht, dass Beschaffungsmanagement heute nur noch wenig mit der klassischen Preisdrückerei vergangener Jahre zu tun hat. Enge Partnerschaft bei der Realisierung anspruchsvoller Entwicklungsprojekte schafft für beide Parteien messbare Vorteile. Unverständlich, dass andere Branchen immer noch intellektuelle Barrieren aufbauen und die Einsichten ihrer Kollegen aus der Automotive-Branche nicht für sich nutzen.

Es gibt jedoch Ausnahmen. Dazu gehört ein großes regionales Energieversorgungsunternehmen im Rheinland. Der dortige Prokurist leitet seit 1998 die Abteilung Einkauf und seit Mitte 2002 die Hauptabteilung Lager/Materialwirtschaft. Über seinen Schreibtisch wird Jahr für Jahr ein Einkaufsvolumen von 180 bis 200 Millionen Euro abgewickelt. Kein Grund für den Rheinländer, sich, wie einige seiner Amtskollegen, als »Weltmeister« ohne Fehl und Tadel zu fühlen. Der diplomierte Betriebswirt handelt vielmehr strikt nach der Devise: »Je besser wir sind, desto höher ist unsere Akzeptanz als ein erfolgreicher Dienstleister im Unternehmen. Wir wollen deshalb nicht nur gut bleiben, sondern immer besser werden.« Wenn es darum geht, die Methoden seiner Abteilung kritisch auf den Prüfstand zu stellen, gibt sich der Prokurist denn auch leidenschaftslos. Sein Kommentar: »Benchmarking mit anderen Unternehmen ist für uns eine gute Möglichkeit, dazuzulernen und Defizite zu entdecken, die sicher auch bei uns noch vorhanden sind.« Der Beschaffungsmanager aus der Domstadt lässt es deshalb nicht damit bewenden, nur die Leistungen seiner Abteilung konsequent auf Verbesserungspotenziale zu überprüfen. Auch das Controlling muss sich einen regelmäßigen Qualitätstest gefallen lassen.

Wie die Automobilindustrie gemeinsam mit ihren Zulieferern neue Potenziale erschließt, findet der Kölner »vorbildlich« und unbedingt nachahmenswert. Er beschränkt sich jedoch nicht darauf, diese zukunftsweisenden Kooperationen zu bewundern, sondern wendet die Verfahren in der Praxis an. So identifziert der Beschaffungsmanager gemeinsam mit seinen Lieferanten aus der Kölner Region Verbesserungsmöglichkeiten in deren Prozessen. »Wer bereit ist, die aufgespürten Defizite in einem festgelegten Zeitraum zu beseitigen, bleibt weiter auf der Zuliefererliste. Wer sich dagegen wehrt oder uns klarmachen will, schon bestens aufgestellt zu sein, wird aus wirtschaftlichen Gründen in Zukunft keine Aufträge mehr von uns bekommen können«, unterstreicht der vorbildliche Einkaufschef. Überregionale Lieferanten, die sich natürlich ebenfalls einem harten Auswahlprozess stellen müssen, erhalten dann den Zuschlag.

Mit ehrgeizigen Vorgaben, die den Grad der gewünschten Einsparungen festschreiben, setzt der rheinländische Manager sich und seiner Mannschaft feste Jahresziele. Für ihn sind solche Absprachen die Basis für einen ständigen Verbesserungsprozess. »Denn wenn man etwas optimieren will, muss man das Ziel, das man erreichen möchte, messbar machen.« Wer aus seinem Team die Vorgabe nicht erreicht hat, braucht aber nicht gleich die pauschale Kritik seines Hauptabteilungsleiters zu befürchten: »Für das Nichterreichen von Zielen gibt es häufig gute Gründe. Diese Ursachen zu analysieren und daraus die entsprechenden Folgerungen für die betriebliche Praxis zu ziehen, ist nach meiner Überzeugung genau die richtige Reaktion.« Selbstverständlich lässt sich auch der Einkaufschef an seinen erreichten Zielen messen. Für ihn bedeutet dies »einen wichtigen Ansporn, noch besser zu werden.«

Dieser ungewöhnliche Einsatz wird vom Unternehmensvorstand gewürdigt. Der Hauptabteilungsleiter genießt ein entsprechendes Ansehen. Seine Kollegen in den anderen Ressorts schätzen ihn als kompetenten Gesprächspartner, auf dessen Rat sie nicht verzichten möchten. Die Anerkennung drückt sich auch darin aus, dass der Diplom-Betriebswirt selbstverständlich maßgeblich in Einkaufsverhandlungen mit einem Millionen-Euro-Volumen einbezogen wird. Unlängst war der Kölner zum Beispiel für den Kauf eines Kraftwerks mitverantwortlich. Einen derartigen Vertrauensbeweis haben die Einkaufsressorts vieler anderer Unternehmen bislang noch nicht erfahren.

Strategisches Beschaffungsmanagement entscheidet über nachhaltiges Wachstum

Mit der Geringschätzung einer ganzen Abteilung sowie dem weitgehenden Verzicht auf einen qualifizierten Einkauf verschließen sich die Firmen aber nicht nur kurzfristig realisierbare Ertragspotenziale. Auch nachhaltiges Wachstum und Umsatzsteigerungen lassen sich ohne ein kreatives strategisches Beschaffungsmanagement nicht realisieren. So müssen sich Einkäufer heute einer Fülle von ständig wachsenden Anforderungen stellen, die vor wenigen Jahren nahezu unvorstellbar waren:

- Die Globalisierung der Märkte erfordert eine Anpassung der bislang verfolgten Beschaffungsstrategie: Während die Globalisierung auf der Absatzseite den Druck auf die eigenen Preise erhöht, eröffnet der weltweite Wettbewerb auf der Lieferantenseite neue Potenziale.
- Zeit und Kosten sparende Kommunikationswege sowie Informationstechnologien stehen allen Unternehmen zur Verfügung: Wettbewerber, die diese neue Transparenz nutzen, verbessern ihre Kostenposition und erwirtschaften bei gleichen Preisen höhere Erträge.
- Nationale und internationale Anbieter überraschen in immer kürzeren Abständen mit technologischen Quantensprüngen. Diese Entwicklungen gilt es frühzeitig zu erkennen und die entsprechenden Antworten auf diese Herausforderungen rechtzeitig parat zu haben.
- Verbesserte logistische Strukturen und Verfahren (zum Beispiel Just-in-time-Belieferung) eröffnen kreative Wege der Lagerhaltung.
- Der dynamisierte Wettbewerb führt zu einer ständig steigenden Zahl von Mitbewerbern und einem knallharten Preis- und Leistungskampf.

- Die Endverbraucher stellen immer höhere Ansprüche an die Qualität der Produkte und Leistungen. »Aldi & Co.« entwickeln sich zu Trendsettern in Bereichen, die weit über das Angebot von Lebensmitteln hinausgehen. So bietet Aldi zeitweise auch hochwertige Billig-PCs oder -Fernsehgeräte in seinem Sortiment an.
- Das steigende ökologische Bewusstsein der Gesellschaft erfordert den Einsatz aufwändigerer und damit meist teurer Materialien.
- Die Kunden sehen die ständige Lieferbereitschaft immer häufiger als selbstverständlich an und sind immer seltener bereit, längere Lieferzeiten in Kauf zu nehmen.
- Nur ein enges Beziehungsgeflecht mit dem im ständigen Wandel begriffenen globalen Beschaffungsmarkt schafft die notwendige Markttransparenz. So entsteht eine Informationsquelle, die für die strategische Ausrichtung des Unternehmens von hoher Relevanz sein kann.

Damit haben Einkäufer, die sich nach wie vor ausschließlich auf das operative Beschaffen konzentrieren wollen, ausgedient. Das von vielen seit langem verfolgte Motto »leben und leben lassen«, also die Kooperation mit einem Lieferanten, der einfach »nett« ist und bisher keinen Ärger bereitet hat, führt aus den beschriebenen Gründen fast unweigerlich in den unternehmerischen Ruin oder zumindest zu tiefroten Zahlen statt sprudelnden Gewinnen.

Kein Unternehmenslenker kann es sich also leisten, an dieser Entwicklung – weg vom situativen Einkauf, hin zum strategischen Beschaffungsmanagement – vorbeizugehen. Es genügt aber nicht, nur zu reagieren und kurzfristige Maßnahmen einzuleiten. Ohne langfristige Strategie sowie eine qualifizierte und engagierte Einkaufsmannschaft lassen sich die gewaltigen Ertragspotenziale nicht identifizieren und dauerhaft realisieren. Mit dem Festhalten an alten Strukturen und der traditionellen Aufgabenverteilung wird mittelfristig ein betriebswirtschaftliches Desaster programmiert. Strategisches Beschaffungsmanagement heißt das Erfolgsprogramm für alle, die nicht länger zusehen wollen, wie ihre Gewinne einbrechen und der internationale Wettbewerb an ihnen vorbeizieht.

Helmut Laux, Leiter der Niederlassung Nordrhein-Westfalen der IKB Deutsche Industriebank AG in Düsseldorf, kann diese These nur unterstreichen. Der Verantwortliche für das mittelständische Firmengeschäft wählt einen Vergleich aus dem Fußball, um den Stellenwert des Einkaufs in weiten Teilen seiner Zielgruppe zu beschreiben. Laux: »Bei denen spielt der Einkauf in der zweiten Liga.« Die Tatsache, »dass der Gewinn bereits bei der Beschaffung beginnt«, scheint sich nach Auffassung des Bankers längst noch nicht in allen Chefetagen herumgesprochen zu haben. »Unverständlich, denn schneller kann man kein Geld verdienen«, findet der IKB-Manager. Für Laux zeichnet sich ein gut geführtes Unternehmen »durch sein Bestreben aus, beim Einkauf und Verkauf Top-Preise herauszuholen.«

Kapitel 4
Fünf typische Fälle aus der Praxis: Die Fehler sind fast immer die gleichen

Wie Sie sich vorstellen können, lernen meine Mitarbeiter und ich in unserer täglichen Beratungspraxis die unterschiedlichsten Unternehmensformen kennen: Konzerne, Mittelständler, national und global aufgestellte Unternehmen, Dienstleister, Handels-, Industriebetriebe und inzwischen auch öffentliche Verwaltungen. Völlig differierende Strukturen mit unterschiedlichen Einkaufsvolumina und Einkaufsschwerpunkten. Bei dem Thema »Einkaufen« agieren Firmen und Behörden allerdings meist weitgehend identisch und lassen sich typologisieren.

Aus unserer Beratungspraxis haben wir konkrete Beispielfälle mit typischen Defiziten und einer professionellen Lösung ausgewählt. Um die Objektivität zu wahren, bleiben die Beispielunternehmen anonym. Eines darf ich Ihnen aber dennoch sagen: Es handelt sich ausschließlich um renommierte Adressen in ihrer Branche, die in der Öffentlichkeit ein tadelloses Image als überaus erfolgreiche Unternehmen genießen. Die Tatsache, dass aber die Einkaufsabteilungen ineffizient gearbeitet haben, ist allgemein unbekannt. Das jeweilige Management war mehr als überrascht, als wir die Ergebnisse unserer Potenzialanalyse präsentiert haben. Denn alle waren der festen Überzeugung, dass ihr Einkauf perfekt funktioniere und mit den effizientesten Verfahren arbeite.

Erster Fall: Der Einkauf ohne definierte Aufgaben

Die Ausgangslage

In dem offiziellen Unternehmensorganigramm genießt der Einkauf einen hohen Stellenwert, ähnlich wie Vertrieb, Forschung und Entwicklung oder Marketing. Die tägliche Praxis sieht jedoch völlig anders aus: Trotz der institutionalisierten Einkaufsabteilung decken die Fachbereiche ihren spezifischen Bedarf eigenständig. Tenor: »Die Kollegen im Einkauf kennen sich in unserem Bereich sowieso nicht aus und ordern deshalb nur Produkte, mit denen wir nichts anfangen können.« Bestenfalls darf der Einkauf für diese Kollegen die Bestellung an den Lieferanten weiterleiten und die notwendigen Formalitäten erledigen. Wer derart zum »Handlanger« degradiert wird, agiert entsprechend der Wertschätzung. Eigeninitiative, Managementstandards und -talente wird niemand von einem bloßen Erfüllungsgehilfen erwarten. Die Erfolge einer derart strukturierten Beschaffung können per definitionem nur marginal sein.

Einkäuferische Soli finden wir besonders häufig in den Bereichen Informationstechnologie (IT), Marketing und Personalwesen – auch bei unserem Beispielkunden. Hier informiert das IT-Ressort die Kollegen aus dem Einkauf häufig erst über die Bestellung von Dienstleistungen sowie Soft- und Hardware, wenn die Entscheidung über einen Lieferanten längst gefallen ist und der Auftrag erteilt wurde. Die Aufgabe des Einkaufs beschränkt sich dann darauf, bei den finalen Abstimmungsgesprächen Skonti und Rabattsätze zu vereinbaren. In den relevanten Phasen der Auswahl eines Lieferanten, in den Verhandlungen über Qualität, Menge und Preis haben die Kollegen aus dem Einkauf nach dem Selbstverständnis der IT-Experten nichts zu suchen. Ärgerlich und demotivierend für die Ausgeschlossenen sowie ein exorbitantes Ertragsrisiko für das Unternehmen. Denn bei diesem Verfahren kann der selbst ernannte Einkäufer völlig unbemerkt seine persönlichen und technischen Vorlieben in den Vordergrund stellen, anstatt nach betriebswirtschaftlichen Gesichtspunkten zu ordern.

Im Personalbereich unseres Unternehmens darf der Einkauf noch nicht einmal eine Statistenrolle übernehmen. Die Mitarbeiter der Fachabteilung verhandeln die Preise an der Einkaufsabteilung vorbei mit den unterschiedlichen Personalleasing-Gesellschaften nicht strategisch, also über eine längere Zeit, sondern situativ, nach Bedarf. An einheitlichen Konditionen- oder Zuschlagsvereinbarungen kann sich niemand orientieren, weil solche Leitlinien nicht existieren. Das Unternehmen, das nach dem mehr oder weniger objektiven Urteil des zuständigen Mitarbeiters aus der Personalabteilung die beste Qualität liefert, bekommt den Zuschlag. Das Preis-/Leistungsverhältnis der Dienstleistung erhält bei der Auftragsvergabe allenfalls nachrangiges Gewicht.

Das Urteil eines neutralen Einkäufers wäre den meisten Personalsachbearbeitern überhaupt nicht recht. Denn wer will sich schon in die Karten sehen lassen, besonders wenn er seit langem mit einem Lieferanten zusammenarbeitet, der ihm höchst sympathisch ist. Dabei muss es noch nicht einmal darum gehen, dass sich der mit interessanten Aufträgen Bedachte hin und wieder revanchiert. Bloße Sympathie reicht meist schon aus, um unternehmerische Kriterien zu missachten. Auf pure Ablehnung stoßen Einkäufer in der Personalabteilung häufig auch, weil man befürchtet, dass die ungeliebten Kollegen aus Kostengründen auf die Zusammenarbeit mit unqualifizierten und inflexiblen Dienstleistern drängen.

Das Marketingressort unseres Beispielunternehmens kauft, genau wie in vielen anderen Firmen auch, ganz ohne Beteiligung der Einkaufsabteilung ein. Die Begründung für diese wenig ertragsfördernde Eigeninitiative ist ebenfalls überall dieselbe: Die Mitarbeiter aus dem Marketing befürchten, die nüchternen Einkäufer wären so gar nicht in der Lage, über die Qualität von kreativen Lieferanten zu entscheiden. Die Kompetenz, für deren Leistungen auch noch einen fairen Preis aushandeln zu können, sprechen die Marketingleute dem Einkauf häufig sogar völlig ab. Kein Wunder, dass die Zulieferer der Marketingabteilungen oft noch nicht einmal knallharte Verkäufer sein müssen, um ihre Honorarforderungen durchzusetzen. Ihre Ansprechpartner akzeptieren Preise in den meisten Fällen ohne Nachverhandlungen. Preisvergleiche mit Wettbewerbern finden so gut wie nie statt.

Die Einkaufsvolumina der Bereiche IT, Personal und Marketing summieren sich bei unserem Beispielkunden auf weit über 30 Millionen Euro. Die eigentlich zuständige Abteilung Einkauf erledigt nur einen Bruchteil dieser Bestellungen – etwa 10 bis 15 Prozent.

Dieses konsequente Übergehen des Einkaufs begründen die Mitarbeiter aus den Fachabteilungen fast immer mit den gleichen Argumenten: Beliebt ist die Aussage, der Einkauf sei völlig überlastet und nur in den seltensten Fällen in der Lage, Anfragen zeitnah zu beantworten. Die betroffenen Einkäufer reagieren auf diese Vorwürfe mit Kritik an der unzureichenden Qualität von Spezifikationen und Anfragen aus den Fachressorts. Genauso empört weisen sie natürlich die Vorhaltungen zurück, auf Informationswünsche nicht rechtzeitig zu reagieren. Der Satz »Auf der Anfrage hat natürlich wieder das Lieferdatum gefehlt« gehört fast schon zum Standardrepertoire der Betroffenen. Fazit: Keine Abteilung weiß eigentlich so richtig, wie ein reibungsloser Einkauf funktioniert.

Die renditeschädlichen Schwachstellen

Bis Sie Ihren Einkauf und die Beschaffungsprozesse detailliert untersucht und neu ausgerichtet haben, vergehen Wochen, oft sogar Monate. Prüfen Sie deshalb, ob die Schwachstellen, die wir ermittelt haben, eventuell auch bei Ihnen vorliegen. Damit sparen Sie Zeit und können rasch die Weichen für eine erfolgreiche Neustrukturierung stellen.

Hier gibt es beim Beispielunternehmen die größten Probleme:

- Die Lieferanten verhandeln Preisfragen direkt mit den Mitarbeitern der Fachabteilung. Der Einkauf bleibt außen vor.
- Dem Einkauf werden weder vom Vorstand noch von den Fachbereichen klare Ziele gesetzt. Außerdem verfügt das Management über kein geeignetes Controllinginstrument der Einkaufstätigkeiten und -kosten.
- Verschiedene Fachressorts bestellen bei ein und demselben Lieferanten – und das zu unterschiedlichen Preisen. Ein übergeordnetes Controllingsystem, aus dem aufschlussreiche Lieferantendaten und -konditionen zu entnehmen sind, fehlt. Von einem übergeordneten Einkaufsverantwortlichen, der tatsächlich in alle Bestellungen involviert wäre, ließe sich dieser untragbare Zustand schnell identifizieren und beseitigen.
- Ähnlich unproduktiv geht es allerdings auch bei vielen anderen Firmen zu. Bei ihnen ordern Abteilungen gleiche Materialien oder Dienstleistungen allerdings bei unterschiedlichen Lieferanten. Bei gegenseitiger Abstimmung ließen sich jedoch fast immer stattliche Mengenvorteile mit nur einem Zulieferer erzielen. Dabei geht es nicht ausschließlich um bessere Preise. Günstigere Liefer- und Zahlungskonditionen sowie Nachlässe bei Fracht- und Verpackungskosten bieten schon durch die Bündelung interessante Einsparpotenziale.

- Der Einkauf gilt als überfordert und viel zu langsam. Diese Kritik muss sofort analysiert und bewertet werden: Ist die Kapazität des Einkaufs tatsächlich zu gering? Sind die Prozesse wirklich ineffizient? Fehlen Kommunikationsstandards? Bleibt eine Reaktion der Firmenleitung aus, werden sich auch andere Fachbereiche selbstständig machen und den Einkauf übergehen.
- Das Unternehmen nutzt unterschiedliche, nicht klar definierte Bestellmedien. So werden Bestellungen zum Beispiel per Fax, Telefon, SAP, Lotus Notes oder sogar mündlich weitergegeben. Eine einheitliche Form, an die sich jeder Einkäufer hält, verringert den administrativen Aufwand und schafft die notwendige Transparenz für die übergeordnete Einkaufsleitung.
- Einheitliche, unternehmensübergreifende Verträge und Konditionenvereinbarungen fehlen. Viele Lieferanten des beschriebenen Unternehmens liefern Waren im Wert von mehreren Millionen Euro, ohne jemals einen schriftlichen Vertrag bekommen zu haben. Klar, dass solche Lieferanten nie so richtig wissen, wie lange sie ihren Kunden beliefern dürfen. Dementsprechend zurückhaltend reagieren die Betroffenen deshalb auch mit ihrer Preiskalkulation. Ein längerfristiger Vertrag hilft beiden Seiten: Für den Lieferanten erhöht sich die Planungssicherheit. Der Abnehmer kann im Gegenzug attraktive Preisreduktionen einfordern. Bitte beachten Sie, dass es aus verwaltungstechnischen und juristischen Gründen Sinn macht, Verträge und Konditionen einheitlich aufzubauen sowie zu verwalten.

Wie wir die Schwachstellen behoben haben

- Fehlende beziehungsweise unzureichende Beteiligung des Einkaufs

  Stellt sich heraus, dass der Einkauf viel zu wenig oder gar nicht in die Beschaffung integriert ist, müssen Sie unbedingt die Gründe für dieses Versäumnis identifizieren. Manchmal genügt es sogar schon, den Vertretern der Fachbereiche, die lieber selbstständig einkaufen, die ineffiziente Situation vor Augen zu führen. Klare Leitlinien und Beschlüsse sind aber meist unumgänglich.

Bei unserem Kunden zeigte vor allem das Marketingressort keine Bereitschaft, mit dem Einkauf zu kooperieren. Wie bereits geschildert, wurde den Kollegen fehlendes Know-how, um die spezifische Situation in diesem Bereich bei Preis- und Konditionenverhandlungen zu berücksichtigen, unterstellt. Diese Vorbehalte gibt es heute nicht mehr. Inzwischen wurde das Einkaufsteam durch einen Mitarbeiter mit fundiertem Marketing-Background verstärkt. Er kann jetzt die qualitativen Bedürfnisse des Ressorts mit den quantitativen Erfordernissen in Einklang bringen. Gemeinsam mit dem neuen Mitarbeiter, der die notwendigen Fachkenntnisse und das betriebswirtschaftliche Know-how besitzt, haben wir sämtliche Marketingthemen wie beispielsweise Agenturleistungen, Druck oder Werbemittel unter strengen Einkaufsgesichtspunkten betrachtet und neu verhandelt.

Der Erfolg bei den Lieferantengesprächen und der Realisation der Beschaffungsstrategien überzeugt: Im Durchschnitt erzielten wir um 30 Prozent günstigere Preise, obwohl wir die hohe Qualität der Leistungen beibehalten haben. In den wenigsten Fällen wurden Lieferanten, mit denen das Unternehmen bereits über lange Zeit kooperiert hat, durch neue Zulieferer ersetzt. Für uns ist dies ein klarer Beweis, dass nur durch das Einschalten des Einkaufs sowie druckvolle Preisverhandlungen überzeugende Vorteile zu erzielen sind, die sich später auch im Unternehmensergebnis widerspiegeln.

Ganz ohne straffe Führung und Unterstützung seitens des Managements lassen sich solche Erfolge jedoch nicht immer erzielen. Als es darum ging, das IT-Ressort auf die neuen Regeln für einen ertragsorientierten Einkauf einzuschwören, war dieser leichte Druck erforderlich. Wir bekamen von der Geschäftsleitung grünes Licht, um die geschilderten persönlichen Vorlieben für bestimmte Zulieferer schonungslos zu durchleuchten. Danach verschwanden einige Dienstleister von der Lieferantenliste. Neue Anbieter wurden recherchiert und damit die vorhandenen IT-Zulieferer unter Zugzwang gesetzt. Spannungen mit dem IT-Personal waren unvermeidlich. Die Betroffenen fühlten sich zu Unrecht angegriffen, »beobachtet« und – wen wundert es – unglaublich schlecht behandelt.

Schließlich siegte aber doch die Vernunft, und die bislang weitgehend selbstständig agierenden IT-Mitarbeiter stellten ihre persönlichen Affinitäten hinter die Sachargumentation. Sie begannen, preissensibler einzukaufen, und fingen – mehr oder weniger aus eigenem Antrieb – an, Preise bei Bestandslieferanten nachzuverhandeln. Als sich dann auch noch herausstellte, dass Erklärungsnotstände bei der Begründung von schwer nachvollziehbaren Vergabeentscheidungen »automatisch« zu Ärger mit der Geschäftsleitung führen würden, war das Eis endgültig gebrochen.

Heute wird der Einkauf rechtzeitig von der IT-Abteilung über einen bestehenden Bedarf informiert, um die Konditionen mehrerer geeigneter Lieferanten unter kaufmännischen Gesichtspunkten zu vergleichen. Zusätzlich wurden, unter Beteiligung aller Betroffenen, einheitliche Bedarfsanforderungsbogen erstellt. Diese Dokumente stellen den Bedarf jedes Abteilungsmitarbeiters transparent und unmissverständlich dar. Andererseits ist der Einkaufsverantwortliche verpflichtet, den Bedarfsträger in einer klar definierten Frist über den Bearbeitungsstand zu informieren. Nur so wird sichergestellt, dass die Interessen beider Seiten gewahrt bleiben und sich gegenseitiges Vertrauen aufbaut.

Derartige Überzeugungsarbeit mit sanftem Druck konnten wir uns bei den Gesprächen mit der Personalabteilung sparen. Hier reichte schon das Angebot aus, die Konditionen- und Zuschlagsvereinbarungen transparenter und einheitlicher zu gestalten. Seitdem überlässt das Fachressort Preisverhandlungen und Vertragsgestaltung der bislang wenig geschätzten Einkaufsabteilung. Die Beschaffungsexperten vereinheitlichten sehr zur Freude der Kollegen aus dem Personalressort sämtliche bestehenden Verträge sowie die Auftrags- und Abrechnungsformulare. Quasi als »Gegenleistung« für diese Arbeitserleichterung werden die Einkäufer seitdem in die Lieferantengespräche einbezogen.

- Fehlende zentral definierte Aufgabenverteilung zwischen Einkauf und Fachbereich

Schriftliche Vereinbarungen zwischen Unternehmensressorts erregen bei den Betroffenen normalerweise nicht gerade

Begeisterung. Von völlig übertriebener Bürokratie ist dann die Rede, die einem die Lust am Arbeiten noch weiter nehmen würde. Das stimmt in vielen Fällen. Doch gelegentlich funktionieren betriebliche Abläufe ohne klare, also schriftlich fixierte Vorgaben einfach nicht. Ein »Pflichtenheft« sollte die Rechte und Pflichten zwischen Einkauf und Fachabteilung eindeutig festschreiben. Darin gilt es, das Unternehmensziel in den Vordergrund zu stellen. Die Interessen der einzelnen Abteilungen sind in diesem Fall zweitrangig. Dieses Pflichtenheft macht transparent, was passieren muss, wenn zuvor definierte Leistungen oder Aufgaben nicht in der vereinbarten Form erbracht wurden.

Zweiter Fall: Ausschließliche Konzentration auf Konstruktion und Entwicklung

Die Ausgangslage

Im klassischen Anlagenbau spielt der Einkauf als Renditequelle nach wie vor kaum ein Rolle. Das gilt auch für unseren Kunden. Hier wird die Abteilung grundsätzlich als letzte Instanz in den Beschaffungsprozess integriert. Damit können die Einkäufer erst viel zu spät ihre Marktkenntnisse sowie ihr warengruppenspezifisches Knowhow einbringen. Die Möglichkeit, frühzeitig Material- und Lieferantenentscheidungen zu beeinflussen, bleibt ihnen völlig verschlossen. Der Einkauf unseres Anlagenbauers wird damit auf eine Instanz reduziert, die vorwiegend situativ und nicht strategisch in die Beschaffung eingreift. Diese wenig verantwortungsvolle Aufgabe motiviert natürlich niemanden zu außergewöhnlichem persönlichen Einsatz, zumal der Einkauf von Konstruktion und Entwicklung auch nicht gerade übermäßig mit beschaffungsrelevanten Daten versorgt wird. Ihm bleibt nur die mehr oder weniger »mechanische«, wenig herausfordernde operative Beschaffung – also reaktives statt aktives Lieferanten- und Konditionenmanagement.

Die renditeschädlichen Schwachstellen ...

... bei der Vorbereitung der Beschaffung

- Die wesentlichen vorbereitenden Einkaufstätigkeiten wie Beschaffungsmarktanalyse und Lieferantenauswahl sind Aufgabe dezentraler Abteilungen.
- Preis- und Konditionengespräche finden ebenfalls dezentral statt, da dem Einkauf das notwendige Potenzial für solche Verhandlungen abgesprochen wird.
- Die vorgelagerten Abteilungen (Entwicklung, Arbeitsvorbereitung, Konstruktion, Produktion) sind überlastet und sehen den Informationsaustausch mit dem Einkauf deshalb als unnötige zusätzliche Belastung an.

... bei den Beschaffungsprozessen

- Klassische, weniger ertragsfokussierte Beschaffungskanäle und Beschaffungsinstrumente (zum Beispiel telefonische oder schriftliche Angebotsanfragen, Fach- oder Großhandelsbezug, regionale Bezugspräferenzen) besitzen nach wie vor Priorität. Moderne Beschaffungsinstrumente, wie E-Procurement, Collaborative Engineering, Reverse Auctions, Online-Marktplätze oder Einkaufsallianzen finden hingegen nur schleppenden Eingang in die Einkaufsabteilungen.
- Die Zahl der Lieferanten je Warengruppe wächst immer weiter. Bestrebungen, diese Entwicklung zu bremsen und das Zuliefererportfolio zu bereinigen oder zu modernisieren, haben bisher wenig Erfolg.
- Ausschreibungen werden längst nicht ausreichend spezifiziert. Daraus resultieren häufig Angebote, die auf völlig unterschiedlichen Parametern basieren.
- Ausschreibungen, um über diesen Weg mögliche Preisverbesserungen zu identifizieren, bleiben häufig aus Zeitmangel aus.
- Unvollständige oder fehlerhafte Anforderungen führen häufig dazu, dass die Bestellungen zeitaufwändig nachbearbeitet werden müssen. Daraus entstehen deutliche Lieferverzögerungen, mit der Folge, dass benötigte Teile nicht produktionssynchron zur Verfügung stehen.
- Die Preis- und Konditionenstruktur hält dem Vergleich mit einem auf modernes Beschaffungsmanagement fixierten Unternehmen nicht stand.

... bei der Informationsbeschaffung

- Das Schnittstellenmanagement, also die Kooperation mit den anderen Abteilungen, funktioniert nur mangelhaft.
- Die Einkäufer sind nur ungenügend darüber informiert, mit welchen Problemstellungen sich vorgelagerte Abteilungen auseinander setzen müssen.
- Die anderen Ressorts erkennen den Einkauf nicht als wichtigen und wertschöpfenden internen Dienstleister an.
- Viele Arbeiten werden, wegen fehlender Absprachen, doppelt erledigt: in der Beschaffungsabteilung und in den angrenzenden Fachbereichen.

Wie wir die Schwachstellen behoben haben

- Fehlende Kommunikation zwischen den Abteilungen

  Systematisierte Kommunikationsaktivitäten und ein umfassendes Schnittstellenmanagement erlauben jetzt den zielgerichteten Austausch von Informationen.
- Reduzieren des Einkaufs auf eine »Statistenrolle«

  Eine fundamentale Reorganisation war unumgänglich – der Stellenwert des Einkaufs erhöhte sich sowohl im Organigramm wie auch in der täglichen Praxis. Viele Unternehmen begnügen sich damit, ein neues Organigramm zu konstruieren, in dem der Einkauf rein optisch den anderen Abteilungen gleichgestellt ist. Im Alltag bleibt dann allerdings häufig alles beim Alten. Wer seine Beschaffungsabteilung enger an die Geschäftsführung anbindet, signalisiert den anderen Ressorts ebenfalls, welche Bedeutung er dem Einkauf beimisst.
- Verzicht auf wichtiges Know-how

  Bislang versuchten die Bereiche Forschung und Konstruktion, Beschaffungsprobleme weitgehend im Alleingang zu lösen. Die Fachkompetenz des Einkaufs blieb fast immer ungenutzt. Jetzt beseitigen interdisziplinäre Teams auftretende Schwierigkeiten zeitnah und zielgerichtet.
- Unzureichende Beschaffungsstrategie

  In der Vergangenheit beschränkte sich unser Kunde fast ausschließlich darauf, situativ zu beschaffen, also erst dann zu ordern, wenn ein dringender Bedarf vorlag. Für einen Anlagenbauer, der auf die Lieferung von hoch speziellen Bauteilen angewiesen ist, ein höchst gefährliches Verfahren. Denn durch diese ineffiziente Praxis werden zu hohe Preise und Lieferengpässe nahezu programmiert. Wir konnten das Unternehmen überzeugen, dass sich Beschaffungsvorgänge bei bestimmten Produkten durchaus vorziehen lassen. Dazu gehören zum Beispiel Waren mit hohem Versorgungsrisiko, mit langer bis mittelfristiger Vorlaufzeit, aus stark preisvolatilen oder internationalen Märkten. Freie Kapazitäten zwischen einzelnen Auftragsspitzen lassen sich für solche strategischen Beschaffungsmaßnahmen durchaus nutzen.

Viele von Ihnen werden vielleicht befürchten, dass ich Ihnen hier ausschließlich theoretische Rezepte und keine praxiserprobten Verbesserungsmöglichkeiten präsentiere. Diese Sorge ist unbegründet. Die vorgestellten Maßnahmen beweisen ihre Wirkungskraft Tag für Tag – nicht nur kurzfristig, sondern langfristig. Kontrollmechanismen sorgen für diesen nachhaltigen Erfolg. So werden die installierten Prozesse immer wieder auditiert. Turnusmäßige Teambesprechungen sorgen für den notwendigen Informationsaustausch und tragen dazu bei, mögliche Probleme schon im Vorfeld zu lösen. Regelmäßige Reportings wesentlicher Beschaffungskennzahlen an die Geschäftsleitung verschaffen dem Top-Management die notwendige Transparenz über die Qualität des Einkaufs. Die Folgen dieses modernen Beschaffungsmanagements: Das Unternehmen spart jährlich rund 2 Millionen Euro beziehungsweise 4 Prozent des Einkaufsvolumens von 50 Millionen Euro.

Die Weichen, weitere Ertragspotenziale aus dem Einkauf zu generieren, sind gestellt. Die Mitarbeiter im Einkauf verfügen jetzt über genügend Zeit, ihre operativen und strategischen Aufgaben sorgfältig zu erledigen. Strategische Lieferantenpartnerschaften werden möglich, weil sich die Zulieferer besser auf die Bedürfnisse des Unternehmens einstellen können. Zusätzlich initiierter Wettbewerb zwischen den Lieferanten erlaubt es vielfach, interessante Preis- und Lieferkonditionen durchzusetzen. Parallel lässt sich die Kostensensibilität aus dem Einkauf wesentlich leichter als in der Vergangenheit in die vorgelagerten Abteilungen übertragen, die jeweiligen Kompetenzzentren werden effizient genutzt.

Dritter Fall: Gratwanderung zwischen zentralem und dezentralem Einkauf

Die Ausgangslage

Der Einkauf von Betrieben mit diversen Produktionsstandorten wird vor ganz besondere Herausforderungen gestellt. Einerseits gilt es für ihn, Angebote starker lokaler Anbieter zu analysieren und zu nutzen. Andererseits muss er Synergien, die sich aus dem gebündelten Bedarf der Tochtergesellschaften ergeben, identifizieren und in günstigere Preise und Lieferkonditionen umsetzen. Natürlich entwickelt sich all dies nicht von selbst. Meist gilt es sogar, besondere Hürden zu überwinden. Denn in fast allen Niederlassungen besteht die menschlich durchaus verständliche Tendenz, die eigene Macht und die Budgetverantwortung auszudehnen. Die so geschaffene Autarkie führt notwendig zu Effizienzverlusten.

Frei von Kostendruck, einer praktizierten Unternehmenskultur sowie ohne nachdrückliche Vorgaben einer starken Führung findet keine gewachsene Unternehmensstruktur zu einer zentralen Koordination und teilweise dezentralen Organisation des Einkaufs. Die bestehenden Probleme multiplizieren sich sogar noch, wenn die Geschäftsleitung entscheidet, weitere Unternehmen oder Unternehmensteile zu kaufen und zu integrieren. Denn, entgegen der herrschenden Meinung, dass eine Volumensteigerung automatisch bessere Preise zur Folge hat, führt die forcierte Expansion in einem unstrukturierten Einkauf bestenfalls zu gleich bleibenden Konditionen. Der häufige Grund: Die »Fürstentümer« sind nicht bereit, Teile der Verantwortung an eine zentrale Stelle abzugeben. Ein ernannter Integrationsmanager wird deshalb nur Teile der potenziellen Verbundeffekte realisieren können. Eine unglaubliche Situation, die jeglichem unternehmerischen Denken widerspricht. Man könnte sich fast darüber amüsieren, wenn wir die Folgen dieses Verhaltens nicht Tag für Tag aus den Bilanzen, Gewinn- und Verlust- sowie Kapitalflussrechnungen unserer Kunden herauslesen müssten. Gehen wir diesen Defiziten auf den Grund, erleben meine Berater und ich fast schon Kurioses: So zahlt zum Beispiel eine bundesweit vertretene Gastronomiekette für den Bezug eines bestimmten Erfrischungsgetränks an fast allen Standorten einen unterschiedlichen Preis.

Eine effizient koordinierte Beschaffung gibt es auch bei dem letztgenannten Beispielunternehmen nicht. Jeder Standort verfügt traditionell über einen eigenen Einkauf. Die Abteilungen konzentrieren sich ausschließlich darauf, ihre Produktion mit Material in der richtigen Qualität, zur richtigen Zeit, zu einem möglichst günstigen Preis zu versorgen. Dabei werden sogar keine schlechten Erfolge erzielt. Die Beschaffungsprozesse sind stringent, der Einkauf wird zumindest in die Beschaffung der Produktionsmaterialien konsequent eingebunden. Gleichzeitig liegen ihm aufschlussreiche Daten über Beschaffungsvolumen, Lieferanten, Verträge und Preise vor. Strategische Beschaffungsansätze, um die Einkaufsmacht der Unternehmenszentrale und der Niederlassungen zu bündeln, gibt es jedoch nicht. »Fehlanzeige« heißt es auch bei ertragsentscheidenden Themen wie »Aufbau von standortübergreifenden Entwicklungspartnerschaften mit Lieferanten«, »gemeinsame Marktrecherchen« oder »Realisieren von Lieferantenstrategien«. Warum? Der Einkauf arbeitet ausschließlich operativ und nicht, wie es in einem erfolgsorientierten Unternehmen selbstverständlich sein sollte, strategisch.

Eigentlich wären die Voraussetzungen für den Aufbau eines strategischen Beschaffungsmanagements gar nicht so schlecht. Denn in den meisten von uns untersuchten Firmen stehen dem Einkauf Warenwirtschaftssysteme zur Verfügung, um strategische Konzepte zu erarbeiten. Allerdings lassen sich die dem Beispielunternehmen vorliegenden Informationen nur sehr beschränkt zur Effizienzsteigerung nutzen. Sie werden völlig unterschiedlich oder gar nicht gepflegt. Identische Waren und Warengruppen tragen verschiedene Namen und sind damit nicht vergleichbar. Die fehlende Systematik und Standardisierung sowie mangelnde Kommunikation führen dazu, dass weitgehende Unklarheit herrscht, welche Materialien an welchen Standorten bezogen werden. Niemand weiß genau, welche Mengen zu welchen Preisen von welchen Lieferanten geordert wurden.

Zum einen muss jeder Standort unseres Auftraggebers den direkten Bedarf für die Produktion decken. Zum anderen sind die Einkäufer auch für die Beschaffung des indirekten Bedarfs der rechtlich selbstständigen Niederlassungen verantwortlich. Gerade in diesem Bereich besteht ein attraktives Potenzial, Bestellungen zu bündeln und interessante Preis- und Konditionenzugeständnisse zu verhandeln. Dienstleistungen wie Reinigung, Immobilien- und Travel Management oder Spedition und Logistik lassen sich genauso einfach über günstige Rahmenvereinbarungen beziehen wie Büromaterial, Werbemittel, Druckerzeugnisse sowie Hard- und Software. Die Sinnhaftigkeit dieser Maßnahmen liegt eigentlich auf der Hand. Umso eigenartiger, dass unser Kunde, genau wie viele andere Unternehmen, solche einfachen Mittel zur Kostenersparnis nicht einsetzt. Es kommt sogar noch schlimmer: An den einzelnen Standorten ist wieder einmal der Einkauf für den Bezug der genannten Produkte und Dienstleistungen nicht zuständig. Die verschiedenen Fachbereichsverantwortlichen betätigen sich zusätzlich als »Einkaufsexperten« und ordern direkt bei den Lieferanten. So sehen es zum Beispiel Versand-, Vertriebs-, Verwaltungs- oder technischer Leiter als völlig selbstverständlich an, den Einkauf bei Bestellungen zu umgehen. Damit unterbleibt das individuelle Ausschreiben des Gesamtbedarfs. Im Extremfall zahlen die Besteller für ihre Waren auch noch unterschiedliche Preise. Wenig überraschend, dass wir in der Potenzialanalyse ein deutliches Einsparvolumen ermittelt und später realisiert haben.

Die renditeschädlichen Schwachstellen

- Ein modernes Beschaffungskonzept fehlt. Es dient unter anderem dazu, Regionalität und Synergien aus der Einkaufsmacht des Konzerns strategisch zu nutzen und operativ umzusetzen. Die Einkaufsorganisationen an den Standorten sind völlig unterschiedlich aufgebaut. Die Einkaufsstrategien variieren stark.
- Es gibt keine Lieferantenmanagement-Konzepte, die auf unternehmensübergreifenden Standardisierungsstrategien basieren. An diesen Strategien und Konzepten sollten Technik-, Produktions- sowie Einkaufsverantwortliche mitarbeiten.
- Ein standortübergreifendes Beschaffungscontrolling ist nicht vorhanden. Ziel des Beschaffungscontrollings ist es, dem Führungskreis auf Fragen wie »Was kaufen wir zu welchen Beschaffungspreisen von welchen Lieferanten?«, »Bei wie vielen Lieferanten bestellen wir nahezu identische Waren?« oder »Wie hat sich die Zahl der Lieferanten verändert?« zeitnah zu beantworten.

- Ein zentraler Koordinator für Beschaffungsfragen wurde nicht installiert. Er müsste effiziente Strategien für die Bereiche Produktstandardisierung, Logistikoptimierung sowie den Aufbau von strategischen Lieferantenpartnerschaften projektieren und umsetzen. Die Möglichkeit, vorhandenes Einkaufs-Know-how zu bündeln, bleibt ungenutzt.
- Die Basis für günstige Rahmenvereinbarungen zum Bezug des indirekten Bedarfs fehlt.
- Die Einkaufsleiter der dezentralen Einheiten wissen nicht, welche Bedarfsvolumen andere Unternehmensteile mit Produkten abwickeln, die auch für ihren Standort relevant sind. Gleiche Lieferanten liefern, ohne Wissen der jeweiligen Einkaufsabteilung, an verschiedene Standorte. Jeder Standort unterhält eigene Läger für Roh-, Hilfs- und Betriebsstoffe sowie Fertigwaren. Allerdings unterscheiden sich sämtliche Läger untereinander in gängigen Kennzahlen. Insgesamt werden zu hohe Bestände mit zu langen Reichweiten vorgehalten. Eine Bestandsreduktion wird von den einzelnen Werksleitern für unrealistisch gehalten.

Wie wir die Schwachstellen behoben haben

- Völlig unterschiedliche, nicht vergleichbare Daten
  Eine einheitliche Datengrundlage erlaubt es, die detaillierten Beschaffungskosten über sämtliche Standorte abzubilden.
- Dezentrale Beschaffung des indirekten Bedarfs
  Die Zentralisierung des Einkaufs von Büromaterial, Dienstleistungen und dergleichen erzielte in kürzester Zeit Einsparungen von bis zu 20 Prozent des Einkaufsvolumens von insgesamt zirka 10 Millionen Euro.
- Fehlendes Beschaffungskonzept
  Ein Zentraleinkauf mit dezentralen Disponenten an den verschiedenen Standorten koordiniert die Beschaffung des indirekten Bedarfs. Eine weitere Lösungsmöglichkeit wäre das »Heavy-User-Konzept«. Dabei wird die Einkaufsverantwortung für eine Warengruppe auf den Standort übertragen, der die größten Volumen dieser Produkte ordert. Er übernimmt die Aufgaben des Zentraleinkaufs für den gesamten Konzern.

- Mangelnder Informationsaustausch
  Für einzelne Materialien, die beispielsweise über Standardisierungspotenziale verfügen, entstanden Arbeitskreise, an denen auch Vertreter des Einkaufs teilnehmen. Diese Teams vereinbaren klare Zielvorgaben, um mittel- und langfristige Effekte zu generieren.
- Fehlende Strategie zur Bestandsreduktion
  Ein Lagerbestandswert von zirka 20 Millionen Euro führt bei einem fremdfinanzierten Unternehmen mit einem Kapitalzins von 6 Prozent zu Kapitalkosten in Höhe von 1,2 Millionen Euro pro Jahr. Darüber hinaus ist bei einem Lagerbestand mit langen Reichweiten (im Beispielfall 72 Tage) zusätzlich mindestens 1 Prozent Wertverlust einzukalkulieren. Hohe Bestände verursachen außerdem hohe Personalkosten. Gelingt es, die Bestandskosten um zirka 60 Prozent zu reduzieren, wird ein unterproportionaler Personalabbau von etwa 30 Prozent realistisch. Bei unserem Kunden ergibt sich so ein Gesamtpotenzial von 1,3 Millionen Euro.

  Zur Potenzialerschließung initiierten wir eine detaillierte Segmentierung sämtlicher am Lager befindlicher Materialien. Für jedes Segment wurde eine auf das Unternehmen abgestimmte Soll-Strategie festgelegt. So ist bei Materialien mit einem hohen Materialwert, einer hohen Bestellvorhersagegenauigkeit sowie einer hohen Umschlaghäufigkeit eine Just-in-time-Anlieferung mit dem Lieferanten zu verhandeln. Andererseits sind hochwertige Materialien mit niedriger Bestellvorhersagegenauigkeit und mittlerer Umschlaghäufigkeit in einem Konsignationslager einzulagern. Die von uns definierten Bedingungen wurden schließlich in den Verhandlungen mit den Lieferanten umgesetzt. Um die Bestände dauerhaft niedrig zu halten, haben wir die definierte Lagerhaltungsstrategie pro Material in einem Handbuch festgehalten.

Vierter Fall: Keine Effizienz trotz geeigneter Einkaufstools

Die Ausgangslage

Über eine ausgeprägte Zurückhaltung seiner Geschäftsleitung gegenüber modernen Beschaffungsinstrumenten kann sich der Einkaufschef unseres Kunden wirklich nicht beklagen. Alle Verfahren, die dazu dienen könnten, Kosten zu sparen und die Rendite zu optimieren, darf er nutzen. Fast schon paradiesische Zustände für einen, der angetreten ist, den Einkauf in seinem Unternehmen zum Renditemotor zu machen. Der Einkaufsleiter hat sich im Beispielfall zwar einen großen »Werkzeugkasten« zugelegt, leider weiß er diese Werkzeuge jedoch kaum einzusetzen. Der Mann ist kein Einzelfall. Im Gegenteil. Auf Einkäufer, die uns erklären wollen, wie effizient sie ihr Metier beherrschen und »selbstverständlich längst« modernes Beschaffungsmanagement praktizieren, treffen wir in fast 98 Prozent der Fälle. Merkwürdig allerdings, wie empfindlich die Betroffenen reagieren, wenn wir eine kritische Analyse des Einkaufs vorschlagen. Aus gutem Grund: Wir haben in unserer Praxis noch kein Unternehmen kennen gelernt, in dem sich bei genauerer Prüfung keine herausragenden Sparpotenziale identifizieren ließen, obwohl die Einkaufsleiter vehement das Gegenteil behaupteten.

Die renditeschädlichen Schwachstellen

- Mangelnde Vorbereitung auf eine Internet-Auktion

  Viele Einkäufer halten Internet-Auktionen für ein Einkaufstool mit 100-prozentiger Erfolgsgarantie. Allerdings erfordert dieses zukunftsweisende Beschaffungsinstrument eine exakte Bedarfsanalyse und sorgfältige Vorbereitung. Genau darauf hat der Einkaufsleiter unseres Kunden weitgehend verzichtet. Nur für die Suche nach einem geeigneten Online-Dienstleister verwendete er genügend Zeit, um schließlich den besten zu verpflichten. Eine detaillierte Spezifikation der Artikel, die in einer Reverse Auction ersteigert werden sollten, blieb jedoch aus. Dementsprechend konnten die Lieferanten nur unpräzise kalkulieren. Die Folge: Nahezu alle Gewinner der Internet-Auktion gingen von falschen Voraussetzungen aus und waren letzten Endes nicht in der Lage, die tatsächlich geforderten Qualitäten und Quantitäten zu dem genannten Preis zu liefern. Die Einkaufspreise blieben schließlich unverändert. Die Kosten für den Internet-Dienstleister belasteten das Budget des Einkaufs zusätzlich. Hinzu kam noch die Frustration der Lieferanten. Sie hatten bereits Vormaterialien für die angefragten Qualitäten geordert, die vom Kunden niemals abgerufen wurden.

- Unpräzise formulierte Rahmenverträge

  Natürlich ist es grundsätzlich positiv, Lieferbeziehungen auf ein festes Fundament zu stellen. Rahmenverträge, die Abnahmemengen und Konditionen für einen bestimmten Zeitraum festlegen, schaffen diese Basis. Doch längst nicht alle Einkaufsabteilungen sind in der Lage, die Vertragsinhalte wirklich eindeutig zu formulieren. Auch dazu lieferte der Einkaufsleiter unseres Auftraggebers einen exemplarischen Beweis. In seine Rahmenverträge nahm er die recht eigenwillige Formulierung »Der Bonus wird am Jahresende im Einvernehmen zwischen Lieferant und Kunde festgelegt« auf. Etwas Besseres kann einem Verkäufer wohl kaum passieren. Mit geschickten Formulierungen und dem insistierenden Jammern wird er seinen Gesprächspartner in kürzester Zeit auf einen Mini-Bonus herunterhandeln.

- Fehlende Preisgleitklauseln bei Produkten mit hohem Rohstoffanteil

  Häufig ärgern sich unsere Kunden über Lieferanten, die ihnen trotz eines Rahmenvertrags Preissteigerungen abverlangen. Die unvorhergesehene Entwicklung der Rohstoffpreise muss dann oft als Begründung für solche Nachforderungen herhalten. Im Beispielfall wurde das Unternehmen mit erhöhten Kosten für Altpapier, wichtiger Bestandteil der bestellten Kartonagen, konfrontiert. Selbstverständlich, dass die Lieferanten ihre Abnehmer an solchen negativen Trends beteiligen wollen. Selbstverständlich sollte es aber auch sein, dass die Einkäufer versuchen, diese marktbedingten Preiserhöhungen weitestgehend zu reglementieren, wollen sie später nicht eine böse Überraschung erleben. Preisgleitklauseln, die Lieferanten und Abnehmer einerseits eine gewisse Sicherheit bieten, andererseits den Marktentwicklungen Rechnung tragen, lösen dieses Problem.

Vorsicht: Verkäufer empfehlen häufig, einen Index zur Grundlage einer Preisgleitklausel zu machen. Davon raten wir allerdings meistens ab. Denn viele Indices wie beispielsweise der Papierpreisindex Euwid werden stark durch die Branche geprägt und sind dementsprechend lieferantenfreundlich ausgelegt. Unsere Empfehlung: Lassen Sie sich die tatsächlichen Einkaufsrechnungen Ihres Zulieferers vorlegen und bilden Sie daraus mit ihm gemeinsam einen Index. Vergleichen Sie diesen Index mit den offiziellen Indices, die ihr eigener Index niemals übersteigen sollte. So erhalten Sie ein realistisches Bild und eine faire Verhandlungsgrundlage.

- Unprofessionelle Verhandlungsrunden

Trotz Internet und modernem Informationsmanagement bleibt ein Verhandlungsgespräch das Einkaufstool Nummer eins. Aber auch hier gilt, wie bei allen anderen Beschaffungsinstrumenten: Die Effizienz hängt entscheidend von der optimalen Vorbereitung auf das Gespräch ab. Wer in die Verhandlungen einsteigt, ohne wichtige Basisdaten über den Lieferanten zu kennen und analysiert zu haben, steht eigentlich schon vor dem Start als Verlierer fest. Das musste auch der Einkaufsleiter unseres Auftraggebers immer wieder erfahren. Für ihn waren Informationen über das Unternehmen seines Gesprächspartners in der Vergangenheit völlig bedeutungslos. Über Umsatz- und Preisentwicklungen wusste er genauso wenig Bescheid wie über Konditionenstruktur und viele andere Fakten, die den Verhandlungsverlauf maßgeblich beeinflussen können. Auf eine sorgfältige Wettbewerbsanalyse verzichtete der oberste Einkäufer des Unternehmens grundsätzlich. Informationen über die aktuelle Marktlage in der Branche seines Zulieferers interessierten ihn nicht. Die Frage, in welcher Liquiditätssituation sich der Lieferant augenblicklich befand, konnte der Beschaffer auch nicht beantworten.

Ein Ausnahmefall? Leider nein. Stellen Sie sich einfach selbst die kritische Frage: Weiß ich eigentlich, wie gut oder schlecht sich mein Einkaufsleiter auf seine Vertragsverhandlungen vorbereitet? Ich befürchte, dass viele von Ihnen ziemlich überrascht sein werden, wenn sie das Ergebnis erfahren.

Kein Wunder, dass unzureichend vorbereitete Einkäufer in den Verhandlungsrunden längst nicht so viel erreichen, wie es eigentlich möglich wäre. Allerdings ist schlechte Vorbereitung längst nicht die einzige Ursache, warum Verkäufer aus den Gesprächen meist als klare Sieger hervorgehen. Die ausgeprägte Konfliktscheu des Einkäufers, die sich mit der Angst, die Verantwortung für Konsequenzen aus aggressiven Verhandlungen zu übernehmen, begründet, führt zu dieser Situation. Diese Angst potenziert sich, je größer das Abhängigkeitsverhältnis zum Lieferanten wird. Der häufig fatale Glaube »Wer mit einem derart renommierten Kunden wie uns verhandelt, traut sich nicht, mit schlechten Konditionen aufzutreten« ist mindestens ebenso oft die Ursache für unbefriedigende Ergebnisse. Klar formulierte und selbstbewusst vorgetragene Forderungen sind der richtige Weg, bedeutende Zugeständnisse zu erzielen.

- Mangelnde Beschaffungsmarktforschung

  Natürlich hat jeder von uns in seinem Umfeld einen »Stamm-Bäcker«, einen »Stamm-Italiener« oder irgendein anderes Lieblingsgeschäft, in dem er schon lange einkauft. Hier wird man nett bedient, das Personal weiß, was man möchte, und die Qualität der Waren ist für gut befunden. Das Preis-/Leistungsverhältnis kann dabei eher eine Nebenrolle spielen. Mal ganz ehrlich: Kauft Ihr Unternehmen nicht auch schon lange bei denselben Lieferanten ein, weil sich im Laufe der Zeit eine gute Atmosphäre entwickelt hat? Wahrscheinlich werden Sie um ein Ja nicht herumkommen. Das wäre, emotional betrachtet, völlig verständlich. Mit ertragsorientierter Beschaffung hat diese enge Bindung an regionale Lieferanten allerdings in dieser Form nichts zu tun. Beschaffungsmarktforschung heißt das Erfolgswerkzeug, das jedoch den Blick über den viel zitierten Tellerrand erforderlich macht. Durch das Internet lassen sich heute Bezugsquellen in aller Welt per Mausklick aufspüren.

  Auch wenn Sie, wie unser Beispielunternehmen, die Zusammenarbeit mit einem ausländischen Lieferanten scheuen, macht es durchaus Sinn, außerhalb ihres deutschen Standorts Preise zu recherchieren. Vor allem in dem osteuropäischen oder in dem asiatischen Wirtschaftsraum lohnt sich die Suche. Hier bieten Betriebe auf Grund ihrer viel niedrigeren Lohnkostenstruktur die Möglichkeit zu attraktiven Preis-Benchmarks. Die Ergebnisse schaffen die notwendige Markttransparenz und lassen sich, selbst wenn man den eruierten Lieferanten nicht listet, hervorragend als Basis für Preisverhandlungen mit einheimischen Zulieferern nutzen.

- Verzicht auf Wertanalysen

  Ein demotivierter Einkäufer versteht sich bestenfalls noch als Abwickler der Bestellwünsche aus der Produktion oder den anderen Ressorts. Welche Qualitäten er für seine Kollegen ordert, ist ihm unter Umständen ziemlich gleichgültig. Der Auftrag wird mehr oder weniger »mechanisch« abgewickelt. So geschehen bei unserem, Ihnen bereits hinlänglich bekannten Kunden. Hier galt es als völlig selbstverständlich, Lagerkartons mit hochwertigen Etiketten, die auch für die aufwändigen Verkaufsverpackungen genutzt wurden, zu versehen. Eine enorme Geldverschwendung, die sich auch nicht durch die Auskunft relativieren ließ, man hätte gerade einen optimalen Preis für diese Etiketten ausgehandelt. Wir haben die Sinnhaftigkeit dieses Vorgehens zur Diskussion gestellt, günstigere Materialqualitäten geprüft und eine deutlich preiswertere Alternative gefunden.

  Diese wertanalytische Betrachtung ist natürlich zunächst recht aufwändig und kann nicht allein vom Einkauf durchgeführt werden. Ohne Abstimmungsgespräche mit Qualitätssicherung, Technik, Vertrieb und Marketing lassen sich keine adäquaten Ersatzlösungen finden. Die positiven Effekte aus der Wertanalyse sind jedoch nicht nur eindimensional: Sowohl Forschung und Entwicklung, Produktion, Montage, Lagerhaltung als auch Service profitieren zum Beispiel von einem hohen Gleichteile-Anteil.

- Ungenügende Ausnutzung von Bündelungseffekten

  Unser Auftraggeber versuchte, wie viele andere Unternehmen auch, mit einer hohen Variantenvielfalt seiner Produkte möglichst alle Kundenwünsche zu erfüllen. Dieses Bestreben führt nahezu »automatisch« zu einer exorbitanten Variationsbreite innerhalb der einzelnen Warengruppen sowie geringeren Bestellvolumina bei den Zulieferern. Daraus resultieren höhere Logistikkosten für die vielfältigen Materialien und die ineffiziente Vergrößerung der Anzahl von Zulieferern. Zusätzlich werden durch die niedrigeren Abnahmemengen für ein Produkt Preis- und Konditionenverhandlungen erschwert. Außerdem müssen sich die Einkäufer in einem viel zu hohen Maße um das operative Geschäft kümmern, statt um strategisches Beschaffungsmanagement.

- Fehlender Einsatz moderner Beschaffungsmodelle

  Natürlich ist es unser oberstes Ziel, die gegenwärtigen Einkaufskosten für Unternehmen in einem eindeutig definierten Zeitraum nachhaltig zu senken. Gleichzeitig stellt sich uns jedoch immer häufiger die Aufgabe, Einkaufsvorteile für zukünftige Produkte zu realisieren, die in der gewünschten Ausprägung noch nicht auf dem Markt sind. Dieses Problem galt es auch im Beispielfall zu lösen, da die Einkäufer noch nicht in der Lage waren, diese höchst anspruchsvolle Form des Einkaufens effektiv zu praktizieren. Mit zukunftsweisenden Methoden wie Target Costing, Design-to-cost oder Make-or-buy hatte sich noch niemand auseinander gesetzt.

- Zu geringe Nutzung von Informationssystemen

  Datenmaterial mit Relevanz für den Einkauf gab es in dem Unternehmen reichlich. Leider waren die Mitarbeiter aber nicht qualifiziert genug, um diese Daten aus den vorhandenen Informationssystemen abzurufen, zu analysieren und für ihre Arbeit zu nutzen. Dabei ging es in dem beschriebenen Fall noch nicht einmal um hoch komplexe Spezifikationen. Ganz grundlegende Fragen, wie die nach der historischen Entwicklung eines Preises oder der Umsatzentwicklung mit einem speziellen Lieferanten, konnten vielfach nicht spontan beantwortet werden.

Wie wir die Schwachstellen behoben haben

- Mangelnde Basisinformationen über modernes Beschaffungsmanagement

  Der Bundesverband Materialwirtschaft Einkauf und Logistik e. V. (BME) bietet über die BME-Akademie seit dreißig Jahren eine fundierte Aus- und Weiterbildung in den Bereichen Materialwirtschaft, Einkauf und Logistik. Grundlegende Defizite lassen sich schnell und mit wenigen Seminaren abbauen.

- Fehlgeschlagene Internet-Auktion

  Die detaillierte Ausschreibung der zu versteigernden Produkte verschafft jetzt den Bietern die notwendige Transparenz, um realistische Angebote abzugeben. Inzwischen werden mit diesem zukunftsweisenden Verfahren Kosteneinsparungen realisiert, welche die Ergebnisse klassischer Methoden in den Schatten stellen.
- Ineffiziente Rahmenverträge

  Der Kunde regelt in den Rahmenverträgen sämtliche Konditionen bis ins Detail. Preisgleitklauseln werden nach einem einheitlichen Verfahren verabredet, von dem Lieferant und Abnehmer gleichermaßen profitieren.
- Verhandlungsrunden mit schlechten Ergebnissen

  Die Pflicht zur sorgfältigen Vorbereitung wurde im Einkaufshandbuch festgeschrieben. Praxisorientierte Software liefert via Internet die notwendigen Daten über Preis- und Konditionenentwicklung. Außerdem wendet der Einkäufer inzwischen eine völlig neue Gesprächstaktik an und konfrontiert seinen Verhandlungspartner mit ständig wechselnden Szenarien. Geht es zum Beispiel in der einen Minute noch ausschließlich um eine Preisreduzierung, schaltet er jetzt unmittelbar auf ein völlig anderes Thema um. Gewünschter und eigentlich immer erzielter Effekt: Selbst ein noch so redegewandter Verkäufer kommt damit fast immer völlig aus dem Konzept. Sein Kunde behält dagegen die Gesprächsführung souverän im Griff.
- Kein Überblick über den internationalen Beschaffungsmarkt

  Häufig lässt sich die Scheu vor dem Global Sourcing schon mit einem intensiven, bedarfsgerechten Englischkurs für das Einkaufsteam beseitigen. Auf nachdrückliches Hinterfragen gab beispielsweise der Einkaufsleiter unseres Kunden unangenehm berührt zu, dass seine Englischkenntnisse zu unzureichend wären, um intensive Verhandlungen mit einem ausländischen Lieferanten zu führen. Jetzt ist er qualifiziert genug, um sich als Einkäufer im In- und Ausland zu bewähren.
- Verzicht auf eine Wertanalyse

  Der langjährige Lieferant erklärte sich bereit, sein Know-how zur Verfügung zu stellen und gemeinsam mit seinem Auftraggeber eine preiswerte Alternative zu erarbeiten. Die Chancen stehen gut, dass Sie auf einen ähnlich aufgeschlossenen Zulieferer stoßen. Wer kann es sich schließlich leisten, seine Abnehmer zu verärgern? Ein funktionierendes Controlling ist in der Lage, zusammen mit einem interdisziplinären Team aus Einkauf, Forschung und Entwicklung, Produktion, Montage und Service eine Wertanalyse durchzuführen.

- Nicht genutzte Bündelungseffekte

  Die Einkäufer sehen es jetzt als eine ihrer vorrangigen Aufgaben an, die Variantenvielfalt der Artikel kritisch zu hinterfragen und eine konsequente Sortimentsbereinigung herbeizuführen. Der Schlüssel zum Erfolg heißt »Standardisierung«. Die Folge: Die Beschaffer werden von operativen Tätigkeiten entlastet, der Abwicklungsaufwand verringert sich und die Nachfragemacht gegenüber einer nunmehr reduzierten Anzahl von Lieferanten steigt. Gleichzeitig entfallen Zusatzkosten für Mindermengenzuschläge.

- Fehlender Einsatz von modernen Beschaffungsmodellen

  Damit die Effizienz solcher Tools optimal genutzt werden kann, müssen die Mitarbeiter die Bereitschaft zeigen, sich gegenüber diesen neuen Verfahren zu öffnen, mit ihnen zu arbeiten und sich das notwendige betriebswirtschaftliche Know-how anzueignen. Zusätzlich gilt es, Funktionsbereiche wie Qualitätssicherung, Produktion, Produktentwicklung sowie das Ressort Finanzen in den Prozess einzubinden. Nur so lassen sich aussagefähige Zielvorgaben an die Lieferanten formulieren und deren Konzeptvorschläge bewerten.

- Unprofessioneller Umgang mit zukunftsweisenden Informationssystemen

  Informationen sind eines der wichtigsten Güter eines Unternehmens. Kennzahlen verschiedenster Art, abgeleitet aus Analysen mit den unterschiedlichsten Ansätzen, bieten die Möglichkeit, unmittelbaren Einfluss auf die Kosten zu nehmen. Sollte der Einkauf nicht über die notwendigen tiefen Einblicke in die Prozesse verfügen, ist der jeweilige Fachbereich mit hoher Wahrscheinlichkeit in der Lage, die erforderlichen Daten zu liefern. Lassen sich die gewünschten Informationen nicht generieren, lohnt sich in jedem Fall der temporäre Einsatz eines Systemspezialisten.

Fünfter Fall: Der Einkäufer als vermeintlicher Alleskönner

Die Ausgangslage

Wie bereits erwähnt: Einkäufer betrachten sich gerne als »Weltmeister« und verkaufen sich ihren Vorgesetzten gegenüber auch so. Diese überzogene Selbstdarstellung ist eigentlich ganz natürlich. Wen ärgert es schließlich nicht, wenn ständig nur die Erfolge von anderen Abteilungen gewürdigt werden. Dann will man sich und die Performance seines Ressorts verständlicherweise ebenfalls ins rechte Licht rücken. Haben Sie vielleicht schon einmal einen Unternehmenschef getroffen, der Ihnen voll Begeisterung über die hervorragenden Ergebnisse seines Einkaufs berichtete? Fast immer stehen Umsatz oder Forschung und Entwicklung im Fokus, wenn ein Unternehmen Marketing in eigener Sache betreibt.

Grund genug also für die Geschäftsleitungen, den aktuellen Stellenwert ihrer Einkaufsabteilungen zu überdenken und den Mitarbeitern in der Beschaffung das Maß an Aufmerksamkeit zuteil werden zu lassen, das ihnen gebührt. Wie nachteilig sich eine demotivierte, zur Selbstüberschätzung neigende Einkaufsmannschaft auf den Unternehmenserfolg auswirken kann, zeigt ein weiteres Beispiel aus unserer Beraterpraxis.

Die renditeschädlichen Schwachstellen

- Überschätzen des eigenen Stellenwertes

  Bei dem Auftrag ging es darum, die Verpackungskosten eines renommierten Genussmittelherstellers zu analysieren und gemeinsam mit dem Einkauf aufgedeckte Defizite zu beseitigen. Unser Einsatz stieß in der Abteilung zunächst jedoch auf Kopfschütteln. Die gesamte Mannschaft war sich völlig sicher, dass eine weitergehende Preisreduktion nahezu unmöglich wäre. Maximal 3 Prozent Nachlass ließen sich nach Überzeugung der Einkäufer auf Basis des aktuellen Preisniveaus verhandeln – und dies natürlich nur mit äußerster »Überredungskunst«. In unseren ersten Gesprächen zeichnete sich jedoch schnell ab, dass der Einkauf nicht einmal in der Lage war, die angeblich fast schon »sicheren« 3 Prozent zu realisieren. Wir sind trotzdem angetreten. 13 Prozent Nachlass, also stolze 10 Prozent mehr, als nach Überzeugung der Einkäufer bestenfalls erreichbar war, gewährten die Lieferanten schließlich auf das Verpackungsmaterial. Grund genug für den Einkaufsleiter, einen regelrechten Wutanfall zu erleiden, nicht ganz zu Unrecht. Denn ihm wurde plötzlich klar, wie sehr ihn die Lieferanten jahrelang übervorteilt hatten. Sein fester Glaube, »kein Verkäufer wird sich wagen, einem derart guten Kunden einen überhöhten Preis anzubieten«, zerbrach. Dies beweist einmal mehr, dass Lieferanten beim Thema Preisgestaltung alle Register ziehen.

- Zu große Abhängigkeit vom Lieferanten

  Die viel zu hohe zeitliche Belastung des klassischen Einkäufers mit administrativen Aufgaben lässt ihn natürlich nach Auswegen aus diesem Dilemma suchen. Clevere Lieferanten haben sich darauf längst eingestellt und bieten »völlig selbstlos« ihre Unterstützung an. Auch der Einkauf unseres Genussmittelfabrikanten begab sich in eine solche Abhängigkeit. Hier ging es um Informationen über die Entwicklung auf dem Rohstoffmarkt. Der benötigte Rohstoff wird an einer Warenterminbörse gehandelt und als Option bis zu einem halben Jahr im Voraus geordert. Nach Aussage des Einkäufers »erwischt man den richtigen Zeitpunkt für eine Bestellung nie. Entweder man kauft zu wenig bei einem guten Preis oder bei einem schlechten Preis womöglich zu viel.«

  Detaillierte Informationen helfen natürlich, dieses Problem weitgehend in den Griff zu bekommen. Im Beispielfall handelte es sich um einen nachwachsenden Rohstoff. Die Kenntnis von Details über Ernte, Qualität und zur Verfügung stehende Mengen ist daher erfolgsentscheidend. Der Einkäufer bezog sein gesamtes Wissen ausschließlich über die Lieferanten. Von ihnen bekam er zum Beispiel Marktberichte, Börsenentwicklung und Erntequalitäten zur Verfügung gestellt. Informationen von Einkäufern befreundeter Unternehmen rundeten sein Wissensspektrum ab. Woher die Kollegen jedoch ihre Marktkenntnis bezogen, blieb unbekannt. Den Einkaufschef interessierte es zumindest reichlich wenig.

  Mit diesem Wissen ausgestattet, ging er schließlich in die Verhandlungen mit den Lieferanten, die ihn mit den Informationen versorgt hatten. Um das Ergebnis solcher Gespräche vorherzusagen, bedarf es keiner hellseherischen Fähigkeiten: Die Zulieferer standen in den meisten Fällen von vornherein als Gewinner fest. Bei der anschließenden Diskussion des unzureichenden Ergebnisses kam es dann zu Argumentationsversuchen wie »Der Lieferant hat mir überzeugend bestätigt, dass es kein qualitativ vergleichbares Produkt im Markt gibt«. Bei solch einer Aussage müssen in der Geschäftsleitung die Alarmglocken schrillen. Jetzt besteht dringender Handlungsbedarf, denn der Einkäufer macht sich eindeutig von den Zulieferern abhängig. Vielleicht ist ihm die prekäre Situation gar nicht bewusst, vielleicht will er es sich einfach etwas bequemer machen, vielleicht sucht er auch nur einen Ausweg aus seiner zeitlichen Überlastung.

- Falsche Zufriedenheit mit dem Erreichten

  Leider überschätzte der Einkaufschef unseres Kunden jedoch nicht nur seinen Stellenwert bei Lieferanten und gab sich in deren Abhängigkeit. Er erwies sich auch noch als viel zu leicht zufrieden zu stellen. Seine Devise, die er uns gegenüber arglos vertrat, lautete: »Der Preis ist mir egal, Hauptsache, der Lieferant liefert und die Qualität stimmt.« Für Einkäufer mit dieser Einstellung gilt es bereits als Erfolg, wenn beim Jahresgespräch eine Reduktion von 1 bis 2 Prozent herausspringt. Dass diese Einkaufsmitarbeiter gleichzeitig Einsparpotenziale von 10 Prozent und mehr vernachlässigen, stört sie wenig. In ihrem Fokus steht ausschließlich die Frage, ob die gestellten Bedarfsanforderungen ordnungsgemäß eingehalten wurden und die Belieferung pünktlich erfolgte. Um diese Ziele zu erreichen, ist es natürlich bequem, auf bekannte Lieferanten zurückzugreifen und völlig losgelöst vom Preis zu agieren. Will man diese Verhaltensweise ein wenig provokant formulieren, kann man Zufriedenheit natürlich auch minimalem Aufwand gleichsetzen.

- Fehlendes Projektmanagement

  Exakte Terminierung, Projektcontrolling und -reporting galten bei dem Einkaufsleiter unseres Kunden als weniger wichtige Aufgaben. Kein Einzelfall. Viele Einkäufer können sich unter dem Begriff Projektmanagement nichts Konkretes vorstellen. Dafür darf man sie aber nicht verurteilen. Es gilt stattdessen, mit ihnen die stringente Organisation eines Projektes zu trainieren.

Wie wir die Schwachstellen behoben haben

- Überzogenes Selbstwertgefühl beim Umgang mit Lieferanten

  Ohne professionell ausgefertigte Ausschreibungen lässt sich keine aussagefähige Vergleichsbasis für die Bewertung von Angeboten erstellen. Selbst Verkäufer, die jahrelang mit einem Unternehmen zusammenarbeiten und ihm vielleicht schon freundschaftlich verbunden sind, sehen dies in den meisten Fällen längst nicht als Grund an, sich bei Preisverhandlungen besonders zurückhaltend zu verhalten. Das Vertriebsteam steht in Zeiten eines zunehmend globalen Wettbewerbs unter einem immensen Erfolgsdruck. Für die Teammitglieder wirken sich Verhandlungen, in denen sie ihre Ziele nicht durchsetzen konnten, schließlich zumindest zu einem Teil in einer niedrigeren variablen Vergütung aus. Ein Einkäufer, der seinem Vorgesetzten ein nicht so positiv verlaufenes Einkaufsgespräch begründen muss, hat höchstens mit ein paar insistierenden Fragen zu rechnen. Erfolgsorientierte Vergütungsmodelle helfen, die notwendigen Anreize für höheres Engagement der Einkäufer zu schaffen.
- Nutzen von kanalisierten Informationsquellen

  Verkäufer werden ihren Kunden natürlich so gut wie nie Informationen zur Verfügung stellen, die ihre Leistung in Frage stellen oder auf vorhandene Potenziale zur Preis- oder Konditionenoptimierung hinweisen. Auch wenn die Informationsquellen der Lieferanten regelmäßig und kostenlos ins Büro gelangen, dürfen sie keinesfalls als einzige Entscheidungs- oder Verhandlungsgrundlage genutzt werden. Andere Informationsquellen, mit denen die Daten aus dem Lieferantenkreis zumindest abgeglichen werden müssen, gibt es reichlich. Sie sind häufig kostenlos und ohne großen Zeitaufwand zu beschaffen.

Eine Auswahl wichtiger Informationsquellen für Einkäufer

- ABC der Deutschen Wirtschaft; aktuelle Informationen und Firmenporträts mit über 70000 Einträgen aus deutschen Industrieunternehmen und dem produzierenden Handwerk (www.abconline.de)
- Bankenverbände
- Branchenverbände
- Bundesverband der Deutschen Volksbanken und Raiffeisenbanken – BVR (www.bvr.de)
- Creditreform (www.creditreform.de)
- Deutsche Bundesbank (www.bundesbank.de)
- Deutscher Industrie- und Handelstag – DIHT (www.diht.de)
- Deutscher Sparkassen- und Giroverband (www.dsgv.de)
- Europäische Union – EU (www.europa.eu.int)
- »Gelbe Seiten« (www.gelbeseiten.de)
- Geschäftsberichte
- Global Sources; Suchmaschine für Produkte und Zulieferer aus aller Welt (www.globalsources.com)
- Hamburgisches Welt-Wirtschafts-Archiv (www.hwwa.de)
- Handwerkskammern
- ifo-Institut für Wirtschaftsforschung (www.ifo.de)
- Industrie- und Handelskammern
- Kompass; Informationen über Produkte und Dienstleistungen von mehr als 1,8 Millionen Firmen aus aller Welt
- OECD – Organisation for Economic Co-Operation and Development (www.oecd.org)
- Statistische Ämter der Gemeinden
- Statistisches Bundesamt (www.statistik-bund.de)
- Statistische Landesämter
- Wer liefert was?; Suchmaschine für Produkte und Dienstleistungen aus 13 europäischen Ländern (www.wlw.de)

• Überhöhte Selbstzufriedenheit

Dem selbstzufriedenen Einkäufer reicht es völlig aus, wenn die eingegangenen Bedarfsanforderungen reibungslos erledigt werden. Deshalb geht er auch ohne Ziele (beispielsweise eine klar definierte Preisreduktion, optimierte Belieferungskonditionen oder neue Belieferungskonzepte) in die Verhandlungsrunden. Die natürliche Folge: Der Verkäufer wird nicht gefordert und muss bestenfalls minimale Zugeständnisse machen. Es bleibt also alles beim Alten, beziehungsweise der Lieferant setzt seine Vorstellungen durch. Das Erfolgsrezept für die ertragsorientierte Gesprächsführung eines Einkäufers heißt »detaillierte Zieldefinition.«

- Mangelhaftes Projektmanagement

  Visualisierung und Terminierung der Projektinhalte als Grundlage für das Projektcontrolling und -reporting sowie das Erstellen eines Projektplans für jedes Teilprojekt gehören zu den wesentlichen Bestandteilen eines erfolgreichen Projektmanagements. Die Darstellung der Abhängigkeiten zwischen den Teilprojekten im Gesamtprojektplan macht schließlich den Projektablauf für die Lieferanten und die Teammitglieder des Einkäufers transparent.

Kapitel 5
Ihr Einkauf auf dem Prüfstand: Ermitteln Sie die ungenutzten Ertragspotenziale

Wie wenig ertragsorientiert die Beschaffungsabteilungen vieler Unternehmen aufgestellt sind, habe ich Ihnen auf den vorangegangenen Seiten mit Hilfe von realen Beispielen ausführlich erläutert. Damit Sie die Stärken und Schwächen Ihrer Einkaufsabteilung individuell ermitteln können, haben wir eine Reihe von Checklisten ausgearbeitet. Sie sind aus den Erfahrungen unserer Beratungstätigkeit entstanden, ermöglichen eine Statusanalyse und geben wichtige Hinweise, wie Sie die Performance Ihres Einkaufs optimieren können.

Nehmen Sie sich ausreichend Zeit, die Fragen und Aussagen selbstkritisch zu beantworten. Sinnvollerweise sollte sich auch Ihr Einkaufsleiter intensiv mit den Checklisten beschäftigen. Am besten gehen Sie anschließend mit ihm die Listen durch und vergleichen seine und Ihre Antworten. Mögliche Abweichungen gilt es natürlich anschließend intensiv zu diskutieren. Vereinbaren Sie bei diesen Treffen feste Termine, zu denen aufgedeckte Mängel abgestellt sein sollen. Bei größeren Projekten sollten Sie Teilziele absprechen.

Diese Daten müssen Sie unbedingt kennen

Bevor Sie beginnen, die Effizienz Ihres Einkaufs zu analysieren, gilt es zunächst, eine Reihe von Daten zu erheben. Ohne die folgenden Informationen können Sie bislang brachliegende Ertragspotenziale nicht identifizieren und die erkannten Defizite beseitigen:

Lieferantenmanagement

Marktanalyse
- Markt- und Branchenreports

Allgemeine Stammdaten
- Lieferantenstammdaten
- Materialstammdaten
- Preis- und Rabattstammdaten

Daten aus der Finanzbuchhaltung
- Kontierungsdaten
- Kreditorendaten

Daten aus der Materialwirtschaft
- Erfasste Daten aus dem Warenwirtschaftssystem
- Bestelldaten
- Erfasste und ausgewertete Kreditorendaten
- Quantitativ erfasste Beschaffungsvolumina
- Analyse von Bedarfsanforderungen
- Rechnungsanalysen
- Bestellungen aus der Vergangenheit
- Preise und Konditionen aus der Vergangenheit
- Verteilung des Beschaffungsvolumens auf Lieferanten (ABC-Analyse)
- Verteilung des Beschaffungsvolumens auf Warengruppen

Interne Datenstruktur
- Kontenplan
- Kostenstellen-, Kostenträgerstruktur
- Warengruppenstruktur
- Materialklassifizierung (zum Beispiel sensibel/nicht sensibel, produktionsrelevant/nicht produktionsrelevant)

Analyse und Bewertung
- Bestellmengen-/Bestellwertanalyse
- Analyse der Verträge (zum Beispiel Inhalte, Laufzeiten, Konditionen)
- Anteil an Rahmenverträgen

- Reklamationsquote
- Analyse der Lieferbedingungen
- Analyse der Ausschreibungsunterlagen
- Lieferantenbewertungen
- Stärken-Schwächen-Analyse

Prozessablauf, Schnittstellenmanagement
Systematisierung der Ist-Beschaffungsstruktur
Systematisierung der Ist-Beschaffungsabläufe
Systematisierung der betrieblichen Organisation
Systematisierung des Bestellablaufs
Erfassung der Beschaffungsprozesse
Erfassung aller beschaffungsrelevanten Organisationsschnittstellen (zum Beispiel Produktion, Qualitätssicherung, Finanzen)
Erfassung der beschaffungsrelevanten Informations- und Kommunikationsinhalte, -flüsse und -medien
Analyse von Beschaffungshandbüchern und Beschaffungsrichtlinien anderer Unternehmen

Kaufen Sie noch traditionell ein oder betreiben Sie bereits modernes Beschaffungsmanagement?

Wenn es um die Darstellung ihrer Leistung geht, haben viele Einkaufsleiter leichtes Spiel. Denn nur die wenigsten Manager wissen wirklich ganz genau, ob ihr Beschaffungsmanager tatsächlich so erfolgreich agiert, wie er immer wieder beteuert. Ein paar formulierte Sätze wie »Dem Verkäufer von der Firma xy hab ich es mal wieder gezeigt« oder »Vor mir zittern die Verkäufer« genügen in einigen Fällen schon, um die Qualitäten des Beschaffungsleiters bei Vorstand oder Geschäftsführung ins rechte Licht zu rücken. Die Realität sieht indes oft anders aus. Nehmen Sie sich also unbedingt ein bis zwei Stunden Zeit, um die folgenden Fragen durchzugehen.

Bewerten Sie die folgenden Fragestellungen mit einem Punkt für ein »Ja« und mit keinem Punkt für ein »Nein«.

	Ja 1	Nein 0
1. Erkunden Sie die Einkaufsmärkte konsequent?		
2. Beziehen Sie in Ihre Recherchen die Weltmärkte ein?		
3. Haben Sie Kontakte zu Einkäufern anderer Unternehmen?		
4. Beurteilen Sie Ihre Lieferanten regelmäßig anhand eines Formulars oder per EDV?		
5. Beziehen Sie die Bewertungsergebnisse in die Verhandlungen ein?		
6. Haben Sie in den letzten zwölf Monaten neue Lieferanten getestet?		
7. Gibt es klare und detaillierte Einkaufsziele?		
8. Nutzen Sie standardisierte Rahmenverträge?		
9. Fordern Sie von den Lieferanten Rabatte und Boni?		
10. Nutzen Sie das Internet, um Informationen zu beschaffen beziehungsweise Waren zu ordern?		
11. Bemühen Sie sich konsequent darum, die Zahl der Lieferanten zu konsolidieren?		
12. Kennen Sie die für das Unternehmen vermutlich wichtigsten Einkaufsländer?		
13. Gehen Sie immer mit klaren Zielen in eine Verhandlung?		
14. Sind Sie ständig darum bemüht, die Einkaufskonditionen zu optimieren?		

	Ja 1	Nein 0
15. Schicken Sie Ihren A- und B-Lieferanten einmal im Jahr eine Preisreduzierungsforderung?		
16. Kennen Sie die Preiskalkulation Ihrer Lieferanten?		
17. Fragen Sie Ihre Hauptlieferanten nach Vorschlägen zur Einkaufskostensenkung?		
18. Verlangen Sie von den Lieferanten geldwerte Zusatz- und Serviceleistungen?		
19. Suchen Sie den Kontakt zu anderen Abteilungen des Hauses?	X	

Auswertung

19 bis 17 Punkte: Ein sehr gutes bis gutes Ergebnis. Hervorragend. Ihr Einkaufsleiter scheint die wichtigsten Instrumente des modernen Beschaffungsmanagements bereits zu nutzen. Das ist jedoch längst noch kein Grund, dass Sie sich in Zukunft nicht verstärkt um die Arbeit des Einkaufs kümmern sollten. Als erfolgsorientierter Unternehmenslenker müssen Sie ständig über Abläufe und Ergebnisse der Beschaffungsabteilung informiert sein. Mündliche Präsentationen reichen nicht aus, nur schriftlich fixierte und nachvollziehbare Ergebnisse überzeugen.

16 bis 12 Punkte: Ein befriedigendes Ergebnis. Modernes Beschaffungsmanagement hat sich in Ihrem Einkauf noch nicht durchgesetzt. Lassen Sie sich genau erklären, warum Ihr Beschaffungsleiter in einigen Bereichen immer noch nach tradierten, nicht auf Profit fokussierten Methoden verfährt. Selbst wenn die eine oder andere Antwort halbwegs überzeugend klingt: Die Vorteile des modernen Beschaffungsmanagements gegenüber dem herkömmlichen Einkauf überwiegen und bringen Ihnen bereits Gewinn ein. Halten Sie Ihren Einkaufsleiter also dazu an, auch in Zukunft wie ein Unternehmer zu handeln und zu beschaffen statt »einzukaufen.«

11 bis 6 Punkte: Ein ausreichendes Ergebnis. Höchste Zeit, den Einkauf umfassend neu zu strukturieren. Mit dem Begriff modernes Beschaffungsmanagement kann Ihr Einkaufsleiter überhaupt nichts anfangen. Nehmen Sie ihn in die Pflicht. Nach spätestens zwei Monaten sollten Sie ihn dann kritisch nach seinen Fortschritten fragen.

5 bis 0 Punkte: Ein mangelhaftes Ergebnis. Sie müssen sich ab sofort intensiv um eine Neuausrichtung Ihres Einkaufs kümmern. Der Einkaufsleiter kann diese Aufgabe vermutlich nicht ohne Vorgaben aus der Geschäftsleitung sowie vorübergehende externe Hilfe erfüllen.

Wie effizient kann Ihr Einkauf arbeiten?

Längst nicht immer trägt die Beschaffungsabteilung allein die Schuld, wenn vorhandene Ertragspotenziale ungenutzt bleiben und der Einkauf »zum Milliardengrab« wird. Unglaublich oft degradieren Unternehmen ihre Einkäufer zu Statisten, die auf die betrieblichen Abläufe keinerlei Einfluss haben. Kein Wunder, dass die Ergebnisse unzureichend ausfallen. Prüfen Sie doch einmal nach, ob der Einkauf in Ihrem Hause tatsächlich mit den notwendigen Kompetenzen ausgestattet ist und wirklich erfolgsorientiert arbeiten kann. Um erkannte Defizite zu beseitigen, sollten Sie rasch Gegenmaßnahmen einleiten und schriftlich fixieren. Denken Sie bitte daran: Geschönte Antworten helfen niemandem. Nehmen Sie möglicherweise nicht ausreichende Ergebnisse als Herausforderung, jetzt in die Offensive zu gehen.

Bewerten Sie die folgenden Aussagen mit einem Punkt für ein »Ja« und mit keinem Punkt für ein »Nein.«

	Ja 1	Nein 0
1. Die Geschäftsleitung dient dem Einkauf als wertvolle Ergänzung bei der Realisierung von Beschaffungserfolgen.		
2. Der Einkauf wird aktiv in die strategischen Ansätze zur Steigerung der Wertschöpfung des Unternehmens einbezogen.		
3. Die Kompetenzen zwischen den Fachabteilungen (zum Beispiel Produktion, Verkauf, Einkauf, Materialwirtschaft) sind klar geregelt.		
4. Zwischen den einzelnen Abteilungen herrscht kein Konkurrenzdenken.		
5. Die Lieferantenauswahl wird von der Technikseite nicht durch pauschale Argumente wie »Ein Anbieterwechsel ist zu risikoreich« behindert. Objektive, qualifizierte Angebote sowie detaillierte Verhandlungen entscheiden über die Auftragsvergabe.		
6. Die Anforderungen der Entwicklungs- und Konstruktionsabteilung an den Einkauf bewegen sich in einem akzeptablen Rahmen.		
7. Dem Einkauf stehen alle notwendigen Informationen aus dem eigenen Unternehmen zur Verfügung.		
8. Die Produkt- und Teilevielfalt ist transparent.		
9. Das Teilespektrum wird nach Wertanteilen und Vorhersagegenauigkeit – zum Beispiel ABC-Analyse, XYZ-Analyse – strukturiert.		
10. Ausreichende Plandaten, um mit den Lieferanten Rahmenvereinbarungen zu treffen, liegen vor.		
11. Über Terminnot und zu geringe Vorlaufzeiten kann sich der Einkauf nicht beklagen.		

	Ja 1	Nein 0
12. Der Einkauf besitzt angemessene, vollständige Informationen (zum Beispiel Lieferantenbewertungen, Mengenstaffeln, Reklamationsquoten).		✓
13. Die Wareneingangsprüfung erfolgt konsequent.	✓	
14. Der Aufwand für Bestellüberwachung und Rechnungsprüfung ist angemessen.	✓	
15. Die Arbeit des Einkaufs wird durch moderne Software unterstützt.	✓	
16. Der Einkaufsleiter wird in wesentliche Fragestellungen (zum Beispiel Make-or-buy, Standardisierung, Substitution von Teilen) involviert.		✓
17. Beschaffungsmarktforschung gehört zu den wichtigsten Aufgaben des Ressorts. Deshalb verfügen die Mitarbeiter über weitgehende Markttransparenz.	✓	✓
18. Der Zeitaufwand für administrative Tätigkeiten hält sich in überschaubaren Grenzen.	✓	
19. Die Abteilung wird nicht als schlichter Bestellabwickler »missbraucht«.	✓	
20. Der Einkauf besitzt hinreichende Kompetenzen und ist keinem anderen Ressort (zum Beispiel der Produktion) unterstellt.	✓	

Auswertung

20 bis 16 Punkte: Ein sehr gutes bis gutes Ergebnis. Ausgezeichnet. Ihr Einkauf genießt den Stellenwert, der ihm in einem innovativen Unternehmen zukommt. Sie haben erkannt, dass sich professionelles Beschaffungsmanagement überproportional auf die Rendite auswirkt.

15 bis 11 Punkte: Ein befriedigendes Ergebnis. Nicht schlecht. In einigen Bereichen besteht jedoch noch Nachholbedarf. Leiten Sie jetzt die notwendigen Maßnahmen ein. Sie sollten den internen Stellenwert der Einkaufsabteilung als Dienstleister für Ihr Unternehmen stärken. Das Aufgabenspektrum des Einkaufs sollte sich nicht nur auf die Material- und Dienstleistungsversorgung beschränken. Die Beschaffung sollte als wesentliches Instrument der Effizienz und Renditesteigerung verstanden werden.

10 bis 7 Punkte: Ein ausreichendes Ergebnis. Ihr Einkauf kann längst nicht so effizient arbeiten, wie es eigentlich sein müsste. Es ist höchste Zeit, seine Kompetenzen und seinen Stellenwert im Unternehmen zu erhöhen. Wertvolle Kostenreduzierungen sind unter den aktuellen Rahmenbedingungen nicht zu realisieren. Es ist zu vermuten, dass es zu ineffizienten Doppelarbeiten kommt. Möglicherweise handelt es sich auch um einen als leistungsschwach beurteilten Einkauf, der von anderen Abteilungen oder der Geschäftsleitung nicht genügend respektiert wird.

6 bis 0 Punkte: Ein mangelhaftes Ergebnis. Ihre Einkäufer spielen eine reine Statistenrolle und werden nicht genug unterstützt. Kein Wunder, wenn sie demotiviert sind und sich nur auf administrative Tätigkeiten beschränken. Befänden Sie sich an ihrer Stelle, wären Sie wahrscheinlich genauso wenig motiviert, mit Lieferanten harte Verhandlungen zu führen oder neue Bezugsquellen aufzuspüren. Starten Sie deshalb jetzt gleich einen Neuanfang und räumen Sie dem Einkauf den Stellenwert ein, den er besitzen muss, um wirklich effizient zu arbeiten.

Sind Sie ausreichend über Ihre Lieferanten informiert?

Ein paar Prospekte durchzulesen oder ein kurzes Gespräch mit einem eloquenten Vertreter zu führen reicht natürlich längst nicht aus, um sich auf eine längerfristige Verbindung mit einem Lieferanten einzulassen. Eine umfangreiche so genannte Lieferantenselbstauskunft schafft die notwendige Informationsbasis über das Potenzial des möglichen Zulieferers. Stellen Sie die darin enthaltenen Fakten zufrieden, können Sie weiter verhandeln.

Im Rahmen dieser Lieferantenselbstauskunft sollten Ihnen folgende Informationen zur Verfügung gestellt werden:

Unternehmensdaten
Firma
Anschrift
Telefonzentrale
Zentral-Fax
E-Mail
Homepage
Konzernzugehörigkeit
Betriebsgröße, Anzahl der Mitarbeiter
Standorte Inland (unterschieden nach Entwicklung, Fertigung und Vertrieb)
Standorte Ausland (unterschieden nach Entwicklung, Fertigung und Vertrieb)
Standort, von dem die Belieferung erfolgen könnte
Ansprechpartner (Name, Telefon, Handy, Fax, E-Mail)
Maßnahmen, um gleichbleibende Produkt- und Dienstleistungsqualität sicherzustellen
Maßnahmen, um Lieferfähigkeit und Termintreue zu gewährleisten
Maßnahmen, um Innovationspotenziale zu identifizieren und zu erschließen
Maßnahmen, um E-Procurement-Prozesse zu unterstützen

Jahresumsatz und Marktbedeutung
Gesamtumsatz in Millionen Euro
Anteil des gewünschten Produkts am Gesamtumsatz in Prozent
Gesamtmarktvolumen in Prozent
Gesamtmarktanteil des gewünschten Produkts in Prozent
Referenzkunden (zum Beispiel nach Umsatzgröße)
Fertigungsverfahren
Kalkulationsbestandteile (wenn möglich)

Konditionen, Verträge und Qualität
Zahlungskonditionen
Skonto in Prozent

Skontofrist in Tagen
Zahlungsziel in Tagen
Sondervaluta bei bestimmten Anlässen

Konditionen in Prozent/Euro
Artikelrabatt
Bonus
Rückvergütung
Entsorgung der Transportverpackung
Staffelbonus

Lieferkonditionen
Art der Belieferung (zum Beispiel ab Werk, frei Lager, frei Haus)
Frachtanteil in Prozent des Umsatzes
Mindestbestellwert in Euro
Sonstige Lieferkonditionen (zum Beispiel Entsorgungspauschale, Transportversicherung)

Lieferfähigkeit
international, national, regional, lokal
Durchschnittliche Lieferzeiten für Serienlieferungen
Möglichkeit von Just-in-time-Lieferungen
Reaktion auf Bedarfsänderungen (zum Beispiel +/– 5 Prozent, +/– 10 Prozent)

Qualitätsmanagement (QM)
Qualitätsmanagementsystem vorhanden (ja/nein)
Name des QM-Beauftragten
Vorhandene Zertifizierungen (nach welchen Normen?)
Auditierte/zertifizierte Lieferanten (Anzahl, Gesamtanteil in Prozent)

Unterschrift des Lieferanten

Wissen Sie, was Ihre Lieferanten wirklich leisten?

Der günstigste Preis darf niemals das einzige Kriterium für die Lieferantenauswahl sein. Die Leistungsfähigkeit des Zulieferers ist mindestens ebenso wichtig, wenn es darum geht, sich für oder gegen einen Lieferanten zu entscheiden. Mit der folgenden Checkliste können Sie mögliche Zulieferer testen sowie vorhandene Lieferanten immer wieder auf ihre Leistungsfähigkeit überprüfen.

Nutzen Sie zur Bewertung das Schulnotensystem.

	sehr gut	gut	befriedigend	ausreichend	mangelhaft
1. **Bewertungsgebiet: Allgemeine Situation** Image in der Branche					
Finanzielle Lage					
Bonität/Seriosität					
2. **Bewertungsgebiet: Leistung** Qualität der Leistung					
Zuverlässigkeit					
Kostenbewusstsein					
Bereitschaft zu Individuallösungen					
Flexibilität					
Flächendeckender Service					
Angebots-/Leistungsvergleichbarkeit					
Qualitätssicherungsmaßnahmen					
Versorgungssicherheit					
Kundenverhältnis					
Elektronische Anbindungsmöglichkeit					

	sehr gut	gut	befriedigend	ausreichend	mangelhaft
Kooperationsbereitschaft					
Reklamationsabwicklung					
Bereitschaft, Leistungsmuster vorzulegen					
Administrative Abwicklung					
3. **Bewertungsgebiet: Preise/Konditionen** Preisgestaltung					
Preisniveau					
Verhandlungsbereitschaft					
Kalkulationsgenauigkeit					
4. **Bewertungsgebiet: Termingestaltung** Termintreue					
Kurzfristige Verfügbarkeit					
Flexibilität					
5. **Bewertungsgebiet: Lieferfähigkeit** Flächendeckende Lieferfähigkeit					
Lieferzeiten bei Serienlieferungen					
Reaktionsfähigkeit auf Bedarfs-/Abnahmeschwankungen					
Unterstützung von Just-in-time-Lieferungen					
6. **Bewertungsgebiet: Informationsmanagement** Erreichbarkeit der Ansprechpartner					
Reaktionszeiten auf Anfragen					
Qualität des Informationsmaterials					
Informationsbereitschaft					

	sehr gut	gut	befriedigend	ausreichend	mangelhaft
7. **Bewertungsgebiet: Erfahrung** Markt-/Branchenkenntnis					
8. **Bewertungsgebiet: Verhandlungsvorbereitung und -ablauf** Vor- und Nachbereitung der Verhandlungen					
9. **Bewertungsgebiet: Qualitätssicherung (QS)** Qualitätssicherungssystem vorhanden					
Qualitätssicherungssystem schriftlich fixiert					
Maßnahmen zum konsequenten Ausbau der Qualitätssicherung					
Nachvollziehbarkeit der QS-Maßnahmen					

Auswertung

Ein ausnahmslos **sehr gutes bis gutes** Urteil: Denken Sie bitte nicht, Ihr Lieferant wäre einzigartig, ein Unternehmen, das alles kann und alle Probleme in Ihrem Sinn löst. Die Vermutung liegt nahe, dass Sie den Zulieferer allzu sehr in Ihr Herz geschlossen haben und ihm deshalb ein paar Unzulänglichkeiten verzeihen. Diese Vertrauensseligkeit kann sich jedoch zumindest langfristig negativ auf Ihren Geschäftserfolg auswirken. Unterziehen Sie den Lieferanten deshalb immer wieder einem schonungslosen Leistungstest, auch wenn Sie ihm noch so emotional verbunden sind.

Ein eher **befriedigendes** Ergebnis: Sie scheinen den Lieferanten tatsächlich vorurteilsfrei unter die Lupe genommen zu haben. Diskutieren Sie mit ihm aber offen über die von Ihnen aufgedeckten Defizite und überlegen Sie sich gemeinsam, wie man diese Mängel beseitigen kann.

Ein **ausreichendes** Ergebnis: Kein Grund zur Enttäuschung, aber auch kein Grund, zufrieden zu sein. Setzen Sie sich auf jeden Fall noch mit weiteren Zulieferern in Verbindung.

Ein **mangelhaftes** Ergebnis: Machen Sie sich möglichst schnell auf die Suche nach Alternativen zu dem getesteten Lieferanten.

Wird diese Beurteilung in regelmäßigen Zeitabständen wiederholt, lassen sich aus den jeweiligen Ergebnissen wichtige Entwicklungstendenzen ableiten. Vorhandene Trends können als schwache Signale interpretiert werden, die auf die zukünftige Leistungsfähigkeit eines Lieferanten schließen lassen. Auch die strategische Lieferantenentwicklung/-eliminierung kann durch dieses Beurteilungsverfahren sicherer geplant werden.

Nehmen Sie Ihre Lieferanten wirklich in die Pflicht?

Auseinandersetzungen mit Zulieferern lassen sich leider nicht ausschließen. Mit einem »Pflichtenheft« für den Lieferanten können Sie Streitigkeiten jedoch auf ein Minimum begrenzen. In diesem Heft definiert der Auftraggeber alle Merkmale, die zur ordnungsgemäßen Erfüllung der Leistung notwendig sind. Natürlich lassen sich aber nicht für alle Eventualitäten Richtlinien formulieren. Schließlich ergeben sich einzelne Anforderungen erst im Verlauf der Projektentwicklung.

Beschreiben Sie die wahrscheinlichste Art der Ausführung so detailliert wie möglich. Von dieser klar definierten Ausgangslage ist es relativ einfach, Projektänderungen vorzunehmen. Fehlen im Pflichtenheft dagegen sämtliche Anhaltspunkte, sind größere Probleme meist programmiert.

Diese Details gehören in ein aussagefähiges Pflichtenheft:

Allgemeines
- Begriffsdefinition Pflichtenheft
- Gründe für die Erstellung des Pflichtenhefts

Formale Inhalte
- Firmenname
- Projektname
- Autor/Verantwortlicher
- Copyright-Vermerk
- Inhaltsverzeichnis

Ausgangssituation
- Kurze Beschreibung der Ausgangssituation
- Quantifizierbare Ziele
- Qualitative Ziele
- Zu lösende Aufgaben

Sollzustand
- Ziele
- Wege, um das Ziel zu erreichen
- Notwendige Ressourcen

Beschreibung des Ablaufs
- Grober Ablauf
- Ablauf in Teilschritten
- Detailbeschreibung
- Zeithorizont für die Realisierung

Sitzungen
- Zahl der erforderlichen Projektsitzungen
- Teilnehmerliste

Involvierte Bereiche
- Betroffene Bereiche
- Abgrenzung zu anderen Fachbereichen

Aufgabenverteilung
- Aufgaben, die vom Auftragnehmer zu erledigen sind
- Aufgaben, die vom Auftraggeber zu erledigen sind
- Sanktionen bei Nichterfüllung der Aufgaben

Ergebnishorizont
- Definition von realisierbaren Ergebnissen
- Definition von nicht realisierbaren Ergebnissen

»Offene-Punkte-Liste«
- Formulieren/Führen einer Offene-Punkte-Liste
- Regeln für das Abarbeiten der offenen Punkte

Glossar
- Klare Definition von Fachausdrücken

Projektmanagement
- Beschreibung des Projektmanagements

Wie ausgereift ist Ihre Beschaffungslogistik?

Lager- und Transportkosten gehen längst nicht immer in die Kostenkalkulationen der Einkaufsressorts ein. Dementsprechend wenig schenkt die Geschäftsleitung diesen Aufwendungen Beachtung. Je nach Branche und Unternehmen haben die Logistikkosten einen Anteil von zirka 3 bis 12 Prozent an den Materialkosten.

Dabei unterteilen sich die Logistikkosten in Kosten für Personal, Kapitalbindung des Materialbestands, Transport (inner- und außerbetrieblich) sowie Mieten, Abschreibungen und dergleichen. Durch eine leistungsfähige Beschaffungslogistik lassen sich somit nicht nur Produktionsprozesse optimieren, sondern es lässt sich auch Zeit sparen. Diese Ziele zu erreichen wird zum Beispiel durch den Aufbau eines Bestandscontrollings, eine konsequente Sortimentsbereinigung, den Abbau von Ladenhütern sowie die Optimierung des Planungs- und Dispositionsprozesses möglich. Bevor Sie damit beginnen, Optimierungsmaßnahmen einzuleiten, gilt es allerdings, den Ist-Zustand detailliert zu ermitteln.

Das müssen Sie über Ihre Beschaffungslogistik wissen:

Logistik und Transport

- Bedarf und Spezifikation der gesamten Logistikleistungen
- Bedarf und Spezifikation der Logistikleistungen je Standort
- Anzahl und örtliche Besonderheiten der Standorte
- Anzahl und besondere Charakteristika der Logistikdienstleister
- Alternativen zu den vorhandenen Logistikdienstleistern und deren Spezifika
- Größe des unternehmenseigenen Fuhrparks (zum Beispiel Anzahl der Fahrzeuge, Klassifizierung)
- Größe des Fuhrparks der Logistikdienstleister (zum Beispiel Anzahl der Fahrzeuge, Klassifizerung)
- Anzahl unternehmenseigene Fahrer
- Anzahl Fahrer der Logistikdienstleister
- Anzahl Logistikaufträge pro Jahr/pro Monat/pro Tag
- Anzahl Paletten
- Anzahl Paletten pro Auftrag/pro Fahrt
- Warenwert pro Palette
- Warenwert pro Fahrt
- Belieferungsfrequenzen je Standort
- Möglichkeit, Transporte zusammenzufassen
- Anzahl der durchschnittlichen Leerkilometer
- Kurzfristige Reaktionsmöglichkeiten auf saisonale Schwankungen
- Reaktionsgeschwindigkeit auf kurzfristige Einflüsse wie Wetter oder Verkehrssituation

Logistikstruktur

- Zielorte der Fahrten
- Dauer der Fahrten
- Serviceleistungen der einzelnen Fahrten
- Besondere Frachtbedingungen (zum Beispiel Kühlung, Standzeiten)
- Spezifikation der bewegten Frachten
- Kosten pro Fahrt
- Auslastung der Transporte über einen definierten Zeitraum (zum Beispiel sechs Monate)

Lager

- Bedarf und Spezifikation der Lagerleistung
- Einsatz eigener Lagerkapazitäten
- Einsatz fremder Lagerkapazitäten
- Anzahl und Spezifika der Lagerdienstleister
- Alternative Lagerstandortmöglichkeiten
- Lagerstandorte intern
- Lagerstandorte extern
- Zeitliche Reichweite der einzelnen Lagerartikel
- Belieferungsfrequenzen der Lagerstandorte
- Lagerbestände

Kommunikation mit Logistik- und Lagerdienstleistern

- Kommunikationswege mit den Dienstleistern
- Verwendete Kommunikationsmedien
- Häufigkeit und Art des Informationsaustauschs
- Elektronische Vernetzung der Logistik- und Lagerdienstleister mit Ihrem Unternehmen

Kosten

(getrennt nach Straßen-, Luft-, Schienen- und Seefracht)
Leistungs- und Kostenvergleich der vorhandenen beziehungsweise in Frage kommenden Logistikdienstleister in den Bereichen ...

... Warenannahme
... Entfernung
... Transferzeit
... Kosten pro Palette
... Warenausgabe
... Warenkontrolle
... Transportsicherung (zum Beispiel Folien, Bänder, Kartonage)
... Verwaltung
... Personal
... Straßennutzungsgebühr
... Entsorgung
... Nachlieferung von Kleinstmengen
... Unter- oder Überschreitung von Lieferkontingenten
... unternehmenseigener Fuhrpark

... Fuhrpark der Logistikdienstleister
... Logistikkosten pro Palette

Lagerkosten
Leistungs- und Kostenvergleich der vorhandenen beziehungsweise in Frage kommenden Logistikdienstleister in den Bereichen ...
... Warenannahme
... Qualitätskontrolle
... Wareneingangsmeldung
... Wareneinlagerung
... Lagerkontrolle
... Bewachung
... Lagerführung
... Kommissionierung/Konfektionierung
... Palettenhandling/Palettenmiete/Palettenreparatur
... Warenausgabe/Auslagerung
... Arbeitssicherheit
... Reinigung
... Verwaltung
... Stellplatz
... Einrichtung
... Maschinen
... Inventur
... Energie

Wie qualifiziert ist Ihr Einkaufsleiter?

Die persönliche und fachliche Qualifikation des Einkaufsleiters entscheidet maßgeblich über die Effizienz des Beschaffungsmanagements. Mit der folgenden Checkliste können Sie in wenigen Minuten einen Eindruck darüber gewinnen, ob die Einkaufsleitung in Ihrem Unternehmen wirklich in guten Händen liegt. Achtung: Schönfärberei bringt nichts. Nur schonungslose Offenheit hilft Ihnen und Ihrem Betrieb weiter.

Bewerten Sie die folgenden Fragestellungen mit einem Punkt für ein »Ja« und mit keinem Punkt für ein »Nein.«

	Ja 1	Nein 0
Sein Erscheinungsbild 1. Er repräsentiert das Unternehmen durch angemessene, nicht übertrieben modische Kleidung. Man spürt, dass er sich in diesem Outfit wohl fühlt.	✓	
2. Sein Auftreten steht mit der Corporate Identity des Unternehmens in Einklang. Verhält er sich zum Beispiel betont seriös oder besonders aufgeschlossen?	✓	
Seine persönlichen Qualifikationen 3. Er beherrscht die notwendigen Umgangsformen und wendet sie selbstverständlich gegenüber Mitarbeitern und Lieferanten an.	✓	
4. Bei Verhandlungen betrachtet er sich als gleichwertigen Partner, auch wenn die Verkäufer einen Weltkonzern repräsentieren.	✓	
5. Seine Mitarbeiter sehen ihn als Vorbild.	✓	
6. Er ist in der Lage, Mitarbeiter und sich selbst zu motivieren.	✓	
7. Wenn ich Verkäufer wäre, würde ich den Einkaufsleiter als ernst zu nehmenden Gesprächspartner betrachten.	✓	
8. Anerkennung bei Kollegen erlangt er auf Grund seiner fachlichen und persönlichen Qualifikation.	✓	
9. Kontaktstärke hilft ihm, seine Beschaffungsziele zu erreichen.	✓	
10. Er identifiziert sich intensiv mit dem Unternehmen.	✓	
11. Er verhält sich seinen Mitarbeitern und Vorgesetzten gegenüber loyal.	✓	

	Ja 1	Nein 0
12. Er besitzt »Spirit of Competition«, das heißt, er gibt sich aus eigenem Antrieb mit dem Erreichten nicht zufrieden und will ständig mehr bewirken.	X	
13. Er besitzt »mentale Unabhängigkeit« und lässt sich weder von besonders freundlichen noch besonders unfreundlichen Menschen beeindrucken.	X	
14. Er ist rhetorisch stark. Es gelingt ihm schnell und überzeugend, die Gesprächsführung zu übernehmen.	X	X
15. Er besitzt Konfliktbereitschaft. Ärger mit Lieferanten geht er nicht aus dem Wege, selbst wenn sie bereits lange zu den Bestandslieferanten zählen.	X	
16. Er ist eine »starke« Persönlichkeit. Man kann ihm durchaus die Gesprächsführung in einer Verhandlung mit mehreren hochkarätigen Verkäufern überlassen.	X	
17. Er scheint sich in seiner Position als Einkaufsleiter glücklich zu fühlen und strahlt diese Begeisterung auch aus.	X	
18. Er besitzt das notwendige Selbstbewusstsein, ohne diese Eigenschaft übertrieben zur Schau zu stellen.	X	
19. Er wird in wichtige Unternehmensentscheidungen einbezogen.	X	

	Ja 1	Nein 0
Seine fachlichen Qualifikationen 20. Er verfügt über ausreichendes betriebswirtschaftliches Fachwissen.		
21. Er kennt die Prozesse im Unternehmen.		
22. Er nimmt, ohne aufgefordert zu werden, an den wichtigen Fachmessen und -veranstaltungen teil.		
23. Er ist immer genau über die Entwicklungen auf den Rohstoffmärkten informiert, von denen Ihr Unternehmen abhängig ist.		
24. Er könnte ohne lange Einarbeitungszeit durchaus eine andere leitende Funktion übernehmen.		
25. Er wird von seinen Abteilungsleiterkollegen als kompetenter Ansprechpartner für Fachfragen geschätzt.		
26. Er kann »modernes Beschaffungsmanagement« erfolgreich umsetzen und konsequent weiterentwickeln.		
27. Er wäre auch als Verkäufer unserer Produkte/Dienstleistungen erfolgreich.		
28. Er ist über die Entwicklungen unserer Branche bestens informiert.		
29. Er wird von den Mitarbeitern im Bereich Forschung und Entwicklung in deren Projekte einbezogen.		
30. Er wird zu Tagungen und Seminaren als Referent eingeladen.		

Auswertung

30 bis 24 Punkte: Ein sehr gutes bis gutes Ergebnis. Gratulation. Sie können auf Ihren Einkaufsleiter stolz sein. Er darf sich aber nicht auf seinen »Lorbeeren ausruhen«. Sie sollten den Check deshalb jährlich wiederholen.

23 bis 18 Punkte: Ein befriedigendes Ergebnis. Nicht schlecht. Ihr Einkaufsleiter ist besser als die meisten anderen. Es bestehen aber durchaus noch Defizite. Deshalb lassen Sie derzeit noch wichtige Ertragspotenziale ungenutzt.

17 bis 11 Punkte: Ein ausreichendes Ergebnis. Ihr Einkaufsleiter scheint nicht die Idealbesetzung zu sein. Führen Sie möglichst bald mit ihm ein ernsthaftes Gespräch und schildern Sie ihm diese Einschätzung. Er sollte aber die Chance bekommen, sich in den nächsten Monaten zu verbessern.

10 bis 0 Punkte: Ein mangelhaftes Ergebnis. Höchste Alarmstufe. Ihr Einkaufsleiter verfügt weder über die notwendigen fachlichen noch die persönlichen Voraussetzungen, um seine Aufgaben erfolgsorientiert auszuführen. Eine Trennung scheint unausweichlich. Sollte keine einvernehmliche Lösung möglich werden: Scheuen Sie die arbeitsrechtliche Auseinandersetzung sowie eine mögliche Abfindung nicht. Ein neuer qualifizierter Einkaufsleiter wird den finanziellen Schaden in kürzester Zeit wettmachen und für Sie bislang ungeahnte Ertragsquellen erschließen.

Ein Selbstcheck für Ihren Einkaufsleiter

Der Einkauf gehört nach wie vor zu den Stiefkindern der Unternehmen, gleichgültig wie groß die Unternehmen sind oder zu welchen Branchen sie gehören. Daran ist zum einen häufig die traditionelle Geringschätzung durch die anderen Abteilungen schuld. Zum anderen erfüllen jedoch längst nicht alle Einkaufsressorts die in sie gesetzten Hoffnungen. Einige Einkaufsleiter sind sich darüber hinaus gar nicht bewusst, welche Ertragspotenziale in ihren Abteilungen versteckt liegen und mit vergleichsweise wenig Aufwand gehoben werden könnten. Mit dieser Eigeninitiative würden solche Beschaffer nicht nur ihr Ansehen im Unternehmen entscheidend verbessern, sondern auch noch einen außerordentlichen Beitrag zu einer deutlichen Gewinnsteigerung leisten.

Bevor Sie die Geschäftsleitung in ein möglicherweise unangenehmes Verhör nimmt, sollten Sie deshalb ganz genau prüfen, ob Sie tatsächlich die Anforderungen an einen modernen Beschaffungsmanager zumindest teilweise erfüllen. Sie müssen nicht zwingend perfekte Testergebnisse erzielen. Sie wissen ja, in welchen Bereichen es noch Defizite gibt. Diese Mängel sollten Sie jedoch schnellstens beseitigen. Gehen Sie in die Offensive und sprechen Sie Ihren Vorgesetzten auf Ihre Pläne zur Restrukturierung des Einkaufs an. Überlegen Sie mit ihm gemeinsam, wie Sie vorgehen können.

Beantworten Sie die Fragen absolut ehrlich. Geschönte Antworten helfen Ihnen in keiner Weise. Im Gegenteil.

Ihre Beschaffungsorganisation – Strukturen

1. Existiert ein aktuelles Unternehmensorganigramm, das auch den Beschaffungsbereich abbildet? Ist das Ressort genauso positioniert wie Forschung und Entwicklung, Produktion sowie Marketing und Vertrieb?
2. Haben Sie eine Stellenbeschreibung oder Ähnliches, aus der die Personen, Aufgabengebiete, Funktionen und/oder Verantwortungsbereiche der Mitarbeiter im Einkauf hervorgehen?
3. Wie ist der Aufgabenbereich des Einkaufs untergliedert? Wo liegen die Schwerpunkte? Übernimmt er Aufgaben aus anderen, nicht verkaufsrelevanten Fachbereichen?

Ihre Beschaffungsprozesse

4. Wie sieht der Beschaffungsprozess für ein Produkt in Ihrem Unternehmen aus? Könnten unter bestimmten Voraussetzungen wesentliche Verbesserungen dieses Prozesses realisiert werden?
5. Wie sieht der Bestellvorgang in Ihrem Unternehmen aus? Erscheint Ihnen dieses Procedere sinnvoll?
6. Wer sind die Bedarfsträger in Ihrem Unternehmen?
7. Welche Bestellungen oder Rahmenverträge werden ohne die Einkaufsabteilung abgeschlossen? Gibt es Abteilungen, die eigenständig einkaufen?

8. Wie viele Bestellanfragen gehen in der Einkaufsabteilung täglich im Durchschnitt ein? Gibt es einen regelmäßigen Verlauf oder starke (saisonale, tageszeitabhängige) Schwankungen?
9. Wie viele Bestellungen gehen bei Ihnen täglich an Lieferanten heraus? Gibt es dabei Schwankungen?
10. Welche Medien nutzen Sie für diese Bestellungen (zum Beispiel Fax, Internet)? Wäre eine bessere Automatisierung durch Änderung der Mediennutzung möglich?
11. Wie holt der Einkauf Angebote ein? Wie ließe sich dieses Vorgehen optimieren?
12. In welchem zeitlichen Rahmen finden Lieferantenverhandlungen statt?
13. Wer verbucht den Wareneingang der eingekauften Leistungen? Wie häufig übernehmen Sie diese Tätigkeit?
14. Wer ist für die Rechnungsprüfung zuständig?
15. Wer legt neue Lieferanten im EDV-System an?
16. Werden Rahmenverträge in SAP oder anderen IT-Systemen hinterlegt?
17. Wer übernimmt die Kontrolle der abgerufenen Bestellmengen? Wie häufig übernehmen Sie diese Tätigkeit?
18. Zu welchen Abteilungen existieren neben der Bestellbearbeitung Schnittstellen (zum Beispiel Vertrieb, Controlling, Forschung und Entwicklung, Qualitätsmanagement)?
19. Gibt es schriftlich fixierte Richtlinien für diesen Ablauf?
20. Gibt es Produkte, die von diesem Beschaffungsablauf abweichen?
21. Sind die Funktionen des Einkaufs im Unternehmen klar definiert?
22. Funktioniert der ständige Informationsaustausch mit den anderen Abteilungen und der Unternehmensleitung?
23. Wer trifft die Einkaufs- beziehungsweise Listungsentscheidungen?
24. Existiert im Beschaffungsbereich ein einheitliches Ablage- beziehungsweise Dateisystem?
25. Bei welchen Schritten wird der Einkauf durch das EDV-System unterstützt?

Ihre Beschaffungskonzeption

26. Existiert nach Ihrer Überzeugung ein umfassendes und detailliertes Einkaufskonzept?

– Informationsbeschaffung

27. Werden die Einkaufsmärkte ständig erkundet?
28. Welche Informationsquellen nutzen Sie?
29. Wählen Sie die Lieferanten für die Einkaufsmarktforschung gezielt aus?
30. Legen Sie den Informationsbedarf vorher genau fest?
31. Werden auch bislang nicht gelistete Lieferanten angeschrieben?
32. Wie wird der Bedarf geplant?
33. Beziehen Sie in Ihre Recherchen konsequent die Weltmärkte ein?
34. Besuchen Ihre Einkäufer die für Ihr Unternehmen relevanten Messen in Deutschland?
35. Besitzt der Einkauf einen Überblick über die wichtigsten Messetermine im Ausland?
36. Werden über die Messebesuche Protokolle angefertigt?
37. Pflegen Sie Kontakte zu den Beschaffungsbeauftragten anderer Unternehmen?
38. Sind die Lieferanten nach der Höhe des Gewinneinflusses und des Einkaufsrisikos klassifiziert?
39. Liegen auf der Basis eines Lieferantenanforderungsprofils definierte Bewertungskriterien vor?
40. Beurteilen Sie die Lieferanten regelmäßig und systematisch mit Hilfe eines Formulars oder per EDV?
41. Nutzen Sie die Bewertungsergebnisse für die Einkaufsverhandlungen?

– Ziele

42. Gibt es klare und detaillierte Einkaufsziele beziehungsweise -grundsätze?
43. Sind die Einkaufsziele schriftlich festgehalten?

– Strategie/Maßnahmen

44. Haben Sie eine Warengruppenübersicht?
45. Werden Maßnahmenpläne erstellt?
46. Existiert ein schriftliches Anforderungsprofil für Lieferanten (Lieferantenrichtlinien inklusive Qualitätsrichtlinien)?
47. Werden für alle Einkaufsaufgaben Checklisten eingesetzt?
48. Nutzt der Einkauf standardisierte Rahmenverträge?
49. Welches sind die Bestimmungsfaktoren für den Einkaufs- beziehungsweise Einstandspreis?
50. Wie wirkt sich die eigene Verkaufskalkulation auf die Gestaltung der Einkaufsvorgehensweise und -konditionen aus?
51. Welche Rabatte und Skonti verlangen Sie von den Lieferanten?
52. Unterliegen bestimmte Produkte saisonalen Schwankungen (zum Beispiel preislich, Verfügbarkeit)?
53. Wie erfolgt die Bezahlung der Lieferantenrechnungen?
54. Welche Bezugsquellen werden genutzt?
55. Inwieweit ist die Einkaufsabteilung über die Möglichkeiten des E-Commerce informiert (Internet-, Intranet-Lösungen)?
56. Betreiben Sie eine systematische Lieferantenkonzentration?
57. Werden Kontakte zu leistungsstarken und wichtigen Lieferanten gepflegt und weiter ausgebaut?
58. Bei welchen Anbietern besitzt Ihr Unternehmen eine geringe Verhandlungsmacht und wieso?
59. Gehört das Unternehmen einem Einkaufsverbund an?
60. Wird mit anderen Unternehmen gemeinschaftlich eingekauft?
61. Welche Produkte kommen für die gemeinschaftliche Beschaffung in Betracht?
62. Schalten Sie Einkaufsdienstleister ein?
63. Besitzt die Einkaufsabteilung ein Vertragsmuster, um Einkaufsdienstleistungen rechtlich abzusichern?
64. Wie hoch liegt der Importanteil der Beschaffung?
65. Haben Sie die Produkte, die für einen Import in Frage kommen sorgfältig ausgewählt, oder beziehen Sie diese Waren eher zufällig aus dem Ausland?
66. Kennen Sie die voraussichtlich billigsten Einkaufsländer?

67. Existiert in der Abteilung eine Adressenliste mit den wichtigsten Informationsstellen für internationale Geschäftskontakte?

Ihr operatives Beschaffungsverhalten

68. Sind alle Einkäufer speziell in der Verhandlungsführung ausgebildet?
69. Nutzen Sie das Angebot von Einkaufs-Trainingsinstituten?
70. Gehen Sie und Ihre Mitarbeiter immer mit klaren Zielen in ein Gespräch?
71. Besitzen Sie einen standardisierten Fragenkatalog für Einkaufsverhandlungen?
72. Protokollieren Sie jedes Gespräch?
73. Werden Probleme, die mit Lieferanten häufiger auftreten, festgehalten?
74. Nach welchen Kriterien ermitteln Sie Bestellmengen und Bestellzeitpunkte?

Ihre Beschaffungskonditionen

75. Besitzen Sie ein wirksames Konzept, um die Einkaufskonditionen zu optimieren?
76. Wissen Sie, mit welcher Verkaufskalkulation Ihre Lieferanten agieren?
77. Besitzen Sie und Ihre Mitarbeiter eine zugkräftige Argumentation für Preisgespräche?
78. Wenden sie bei A-, B- und C-Lieferanten verschiedene Verhandlungsstrategien an?
79. Verlangen Sie von Ihren Lieferanten geldwerte Zusatz- und Serviceleistungen?
80. Wie überwachen Sie die Preisentwicklungen in den verschiedenen Einkaufsmärkten (zum Beispiel anhand von Börsenkursen, Bundesstatistiken)?
81. Starten Sie regelmäßige Anfrageaktionen, um das Marktpreisniveau zu kontrollieren?

Ihr Beschaffungscontrolling

82. Gibt es ein systematisches Beschaffungscontrolling?
83. Mit welchen Kennzahlen arbeiten Sie?

84. Welche dieser Kennzahlen wird durch das EDV-System zur Verfügung gestellt?
85. Kennen Sie die genaue Höhe Ihres gesamten Einkaufsvolumens?
86. Ist das Einkaufsprogramm in A-, B- und C-Gruppen klassifiziert?
87. Arbeiten Sie mit der XYZ-Analyse?
88. Liegen Ihnen die exakten Materialkosten vor?
89. Wird der Einkauf kontinuierlich auf Schwachstellen untersucht?
90. Erhält die Geschäftsleitung regelmäßig einen detaillierten Einkaufsbericht?

Ihre persönliche Einschätzung und Beurteilung

91. Wie hoch schätzen Sie den administrativen Anteil an Ihrer täglichen Arbeit in Prozent?
92. Gibt es Probleme im Bereich der Lagerwirtschaft?
93. Wo hätten Sie gerne eine intensivere Unterstützung von den anderen Abteilungen?
94. Von welchen Ihrer angebotenen Hilfen können die übrigen Bereiche besonders profitieren?

Auswertung

Das Ergebnis dieses Selbsttestes soll nicht mit Noten bewertet werden. Es geht ausschließlich darum, engagierten Einkaufsleitern die Möglichkeit zu einer kritischen Analyse ihrer Tätigkeit zu geben. Hinterfragen Sie vorhandene Rahmenbedingungen kritisch und beurteilen Sie diese nach der Sinnhaftigkeit. Wenn Benchmarks vorhanden sind, sollte die aktuelle Situation mit diesen Referenzpunkten abgeglichen werden. Die Bewertung der Vor- und Nachteile der unterschiedlichen Rahmenbedingungen liefert wertvolle Ansätze für zukünftige Optimierungen. Gleichzeitig können Sie mit Hilfe des Checks Informationsdefizite Ihrer Abteilung identifizieren und bekommen Anregungen, wie Sie die Performance des Ressorts zum eigenen und zum Wohle ihres Arbeitgebers optimieren können.

Kapitel 6
Hilfe zur Selbsthilfe: Die Erfolgswerkzeuge des modernen Beschaffungsmanagements

Handel, Industriebetriebe und Dienstleister messen dem Einkauf immer noch einen völlig unterschiedlichen Stellenwert bei. Erst langsam beginnt sich die Einsicht durchzusetzen, dass eine strategische Beschaffung zumindest ebenso viel Rendite generiert wie ein außergewöhnlich erfolgreicher Vertrieb.

Die großen Handelsunternehmen haben die Vorreiterrolle übernommen und nutzen den Einkauf schon lange konsequent als Hauptertragsquelle. Bei ihnen ist die Beschaffung »Core Business.« Sie sind im Wesentlichen darauf fixiert, die Differenz zwischen Einkaufs- und Verkaufspreis zu erhöhen. Das gelingt jedoch auf Grund der Preissensibilität der Verbraucher nicht über eine Anhebung des Verkaufspreises, sondern nur über reduzierte Einkaufspreise. Die Einkäufer der Handelshäuser gelten deshalb auch nicht ohne Grund als die gefürchtetsten Verhandlungspartner der Verkäufer. Als Reaktion auf diese verschärfte Verhandlungssituation hat sich die Lebensmittelindustrie zum Teil auf die Situation eingestellt und im Gegenzug ihre Einkaufsabteilungen effizienter aufgestellt. Allerdings besteht bei vielen Produzenten immer noch ein erheblicher Nachholbedarf. Im Sinn einer Abwehrstrategie bemüht sich eine Vielzahl von Herstellern nach wie vor, über den Aufbau einer umsatzstarken Marke höhere Gewinne zu realisieren, anstatt die fast überall noch reichlich vorhandenen Ertragsressourcen im Einkauf zu erschließen. Der Erfolg dieser offensiven Vertriebsstrategie muss nicht nur teuer bezahlt werden. Er tritt auch längst nicht immer in dem erhofften Umfang ein.

Der Lebensmittelbereich könnte deshalb vom Beschaffungsmanagement der meisten Automobilzulieferer lernen. In dieser Branche zwingt der ständig wachsende Preisdruck der Hersteller die Lieferanten, immer neue Ertragspotenziale zu erschließen und Gewinne in erster Linie über einen effizienten Einkauf zu erwirtschaften.

In anderen industriellen Bereichen bietet sich ein ebenso differenziertes Bild. So setzte zum Beispiel die Telekommunikationsbranche vor wenigen Jahren ausschließlich auf den Vertrieb und akquirierte mit Hilfe von aufwändigen Werbekampagnen Millionen zusätzlicher Kunden. Jetzt, nachdem der Absatzmarkt weitgehend stagniert und die Aussichten auf eine Rückkehr der »Goldenen Zeiten« schlecht stehen, besinnen sich die betroffenen Unternehmen auf die Optimierung ihres Einkaufs. Auch die Möbelindustrie, bislang ebenfalls auf Vertrieb und Produktpolitik, insbesondere auf Design, fokussiert, entdeckt die Beschaffung mehr und mehr als zielführenden Weg zur Ergebnisverbesserung. Sie bemüht sich inzwischen verstärkt, ihre zurückgehenden Umsätze mit dem Erschließen der vorhandenen Ertragspotenziale im Einkauf mindestens zu kompensieren.

Im Pharmabereich entdecken wir, bis auf wenige Ausnahmen, bislang nur eine geringe Sensibilität für modernes Beschaffungsmanagement. Viele dieser Unternehmen sind nach wie vor überzeugt, dass ihre Ertragslage allein durch die Entwicklung und Vermarktung neuer Produkte beeinflusst wird. Tatsächlich gibt es sogar renommierte Pharmakonzerne, die nicht einmal über eine Einkaufsabteilung verfügen. Zurückhaltung, hin und wieder sogar Unverständnis gegenüber den Argumenten für eine Beschaffungsoptimierung, bemerken wir vielfach auch im technischen Bereich. So steht beispielsweise in der Maschinenbauindustrie häufig noch die Effizienz der Entwicklungsabteilung im Brennpunkt des kaufmännischen Interesses. Erst lange nach dem Vertragsabschluss und der genauen Spezifikation des Bedarfs für den Bau der verkauften Maschine wird die Beschaffung involviert. Die Folge: Der stark konjunkturabhängige Industriezweig, der deshalb gerade eine schwere Krise durchlebt, verzichtet auf überlebenswichtige Erträge.

Auch im Dienstleistungsbereich, wie zum Beispiel bei den meisten Banken und Versicherungen, zwei Branchen, die derzeit wegen dramatischer Gewinnrückgänge und immenser Personalreduzierungen Schlagzeilen machen, spielt das Thema Einkaufsoptimierung immer noch eine untergeordnete Rolle. Die 2001 erschienene »Bankenstudie« des Bundesverbandes Materialwirtschaft, Einkauf und Logistik e. V. (BME) bestätigt diese Aussage. Ich möchte behaupten, dass ein konsequentes Beschaffungsmanagement zumindest den einhergehenden Personalabbau nicht so drastisch hätte ausfallen lassen. Damit wäre den Dienstleistern wertvolles Know-how der ehemaligen Mitarbeiter erhalten geblieben, das ihnen bei einem möglichen konjunkturellen Aufschwung vermutlich fehlen wird.

Gründe genug also, im eigenen Unternehmen die Weichen auf nachhaltigen Erfolg zu stellen, den Einkauf zur »Chefsache« zu machen und strategisch zu beschaffen statt situativ einzukaufen. Auf den folgenden Seiten werden Sie erfahren, wie Sie Ihr Beschaffungsressort konsequent ertragsorientiert ausrichten. Nach unseren Erfahrungen gibt es kaum ein Unternehmen, das tatsächlich sämtliche vorhandenen Ertragspotenziale in seinem Einkauf kennt und realisiert. Fast überall ließen sich noch Einsparpotenziale generieren. Die Beschaffungsoptimierung ist Teil eines kontinuierlichen Verbesserungsprozesses und keine einmalige Maßnahme.

Typenfrage: Neue Herausforderungen für den traditionellen Einkäufer

Moderne Unternehmen involvieren ihren Beschaffungsmanager in strategische Entscheidungen und messen seinem Know-how genauso viel Bedeutung bei wie dem Sachverstand der Verantwortlichen für Forschung und Entwicklung, Produktion sowie Vertrieb und Marketing. Dieser höheren Wertschätzung gerecht zu werden erfordert von dem Einkaufsleiter in vielen Fällen eine andere Performance als in der Vergangenheit und ein neues Selbstverständnis. Die Geschäftsleitung sollte diese Veränderung unbedingt unterstützen.

Der Einkaufsleiter alter Prägung muss sich umstellen

Der Beschaffungsverantwortliche muss heute geradezu eine Schlüsselfunktion übernehmen, um vorhandene Ertragspotenziale offen zu legen und auszuschöpfen. Seine Aufgaben sollte er denn auch nicht mehr unter weitgehendem »Ausschluss der Öffentlichkeit« erledigen. Er wird, vergleichbar mit seinen Kollegen aus dem Verkauf, zum offiziellen Firmenrepräsentanten und muss sich außerdem zunehmend im Kreis der anderen Ressortleiter etablieren. Zu seinen Aufgaben gehört es, das Unternehmen aktiv gegenüber den Lieferanten zu »verkaufen«. Er betreibt Beschaffungsmarketing, unterstreicht also offensiv die Wertigkeit seines Hauses für den Lieferanten. Dabei geht es zum Beispiel darum, die Wachstumspläne und -chancen des Unternehmens überzeugend darzustellen. Präsentationen im Hinblick auf zukünftige Strategien und Visionen kommen bei den Verkäufern in der Regel gut an. Wer will schließlich nicht zu den Lieferanten eines Unternehmens gehören, das vor einer viel versprechenden Zukunft steht und über interessante Potenziale für zusätzliche Auftragsvolumina verfügt? Mit diesen Aussichten auf eine langfristige, profitable Zusammenarbeit für beide Seiten lassen sich Zulieferern Wünsche nach Preisnachlässen oder anderweitigen Konditionenverbesserungen wesentlich besser »verkaufen«.

Der Erfolg dieser »Öffentlichkeitsarbeit« hängt maßgeblich auch vom Gesamtbild des Einkäufers ab. Es wird von einem gepflegten Äußeren, der passenden Kleidung sowie einer selbstbewussten Körperhaltung positiv geprägt. Denn der viel zitierte Satz »Das Äußere eines Menschen entscheidet über den ersten Eindruck« besitzt nach wie vor Gültigkeit. Wer einmal unpassend gekleidet, vielleicht sogar schlecht rasiert, an einem geschäftlichen Termin teilgenommen hat, bekommt in der Regel keine zweite Chance, den negativen Eindruck zu revidieren. Gleichzeitig überträgt sich dieses negative Image auf das Unternehmen. Selbst eine noch so sorgfältig aufgebaute Unternehmenskultur verliert ihre Effizienz, wenn die Mitarbeiter sie nicht nach innen und nach außen repräsentieren.

Zwar darf der Einkaufsleiter einen individuellen Stil pflegen, gleichzeitig gelten aber auch für ihn internationale Business-Standards. Danach bevorzugen Managerinnen sowie Manager nach wie vor eine eher formelle Kleidung, gleichgültig in welcher Branche und in welchem Land sie arbeiten. Diese Regeln hat ein Beschaffungsverantwortlicher, wie seine Ressortkollegen gleichermaßen, einzuhalten. Ein repräsentativer Auftritt macht ihn aber nicht nur zum geschätzten Unternehmensrepräsentanten, der in der Lage ist, auf hohem formellen Niveau mit den Lieferanten zu verhandeln. Er wird mit diesen Fähigkeiten und seiner Ausstrahlung gleichzeitig auch zum Vorbild für seine Mitarbeiter. Ein Einkaufsleiter, der sich weder seiner Repräsentationspflichten bewusst ist, noch die Gepflogenheiten einer zielführenden Verhandlungsführung beherrscht, kann sein Team nicht begeistern und motivieren. Das Ziel der Beschaffungsoptimierung auch auf der Ebene der so genannten Soft Skills rückt damit in weite Ferne.

Ein passendes Ambiente fördert den Verhandlungserfolg

Gestatten Sie mir eine Frage: Muss Ihr Einkaufsleiter die Vertreter renommierter Firmen in einem kleinen Büro empfangen? Auch wenn es Ihnen unangenehm ist, jetzt »ja« sagen zu müssen. Ihr Unternehmen gehört nicht zu den Ausnahmen. Möchten Sie aber als Verkäufer in so einem Umfeld verhandeln und sich dann auch für den Empfang mit attraktiven Preiszugeständnissen »bedanken«? Sicherlich nicht. Deshalb mein Appell: Zeigen Sie sich Ihren Lieferanten genauso, wie Sie sich den Kunden auf Messen oder anderen Veranstaltungen präsentieren. »Die Visitenkarte der Kultur eines Unternehmens ist der Stil, in dem es seine Gäste empfängt«, erläutert die renommierte Expertin für Unternehmenskultur und Umgangsformen Rosemarie Wrede-Grischkat. Nach ihrer Überzeugung bietet oft erst der gesellschaftliche Rahmen einem Unternehmen die Plattform, Kunden und Lieferanten auch emotional an sich zu binden. Diese emotionale Bindung entscheidet schließlich vielfach über langfristige Partnerschaften, von denen alle Beteiligten profitieren.

Der Rahmen für ein Lieferantengespräch sollte sich an dessen Bedeutung orientieren. Eine zu aufwändige Gestaltung mit teurem Catering kann der Zulieferer gegebenenfalls als Prahlerei ansehen oder in ihm das Gefühl wecken, er sei mit seinen Preiszugeständnissen allzu großzügig gewesen. Dann ist von dem Lieferanten in der nächsten Gesprächsrunde mit ziemlicher Sicherheit ein wesentlich unnachgiebigeres Verhalten zu erwarten. Ein zu bescheidener Rahmen lässt den Gast möglicherweise darauf schließen, er besäße für das Unternehmen nur einen sehr geringen Stellenwert oder mit der Liquidität des Gastgebers sei es nicht zum Besten bestellt.

Vorbehaltlose Selbstkritik ist der erste Schritt zum Erfolg

»Wer viel einkauft, muss den Einkaufsleiterposten mit einem Top-Mann besetzen. Viele Firmenchefs verschließen vor der Situation die Augen, weil sie glauben, im Beschaffungsbereich schon sicher positioniert zu sein«, sagt Dr. Dr. Günter Scheipermeier, Geschäftsführer des Küchenherstellers Nobilia-Werke J. Stickling GmbH & Co aus dem westfälischen Verl. Rund 20000 Artikel kauft sein Unternehmen jährlich bei zirka 300 bis 400 Lieferanten ein. Für den Nobilia-Geschäftsführer ist der Einkauf häufig immer noch ein Bereich, »in dem einige Leute arbeiten, die dort hingesetzt wurden, weil man ihnen nicht zutraut, im Verkauf einen guten Job zu machen«.

Wie ihr Einkäufer tatsächlich in der Praxis agiert, wissen die wenigsten. Controlling-Kennzahlen wie bei der Leistungsbeurteilung eines Verkäufers gibt es bislang so gut wie gar nicht. Das genaue Profil eines erfolgreichen Einkäufers fehlt deshalb. Der Leiter der Hauptabteilung Lager/Materialwirtschaft eines großen regionalen Energieversorgers bringt seine Anforderungen an einen idealen Einkäufer auf eine Kurzformel und wünscht sich einen »Terrier, der konsequente Kostenoptimierung nach innen und außen betreibt«.

Wer sich in der Öffentlichkeit als offensiver, selbstbewusster Vertreter seines Unternehmens zu präsentieren hat, sollte besondere persönliche Ausprägungen besitzen. Dazu gehört vor allem eine kultivierte Konfliktbereitschaft, die allerdings bei vielen Menschen nicht immer vorauszusetzen ist. Wer begibt sich schon freiwillig in Auseinandersetzungen, wenn vielleicht doch noch eine harmonische Einigung möglich erscheint? Und diese Einigkeit geht dann im schlechtesten Fall auch noch meistens zu Gunsten eines Verkäufers aus. Der merkt sofort, wenn sein Gegenüber dazu neigt, Konflikten aus dem Weg zu gehen und stattdessen lieber nachzugeben. Misserfolg ist auch fast schon vorgezeichnet, sobald der Vertreter des Lieferanten spürt, dass der Einkäufer Angst vor dessen Reaktionen hat. Gelingt es dem Zulieferer bei dem Verhandlungspartner beispielsweise, die Furcht vor möglichen Lieferengpässen zu schüren, falls dieser nicht auf seine Forderungen eingeht, steht der Verkäufer wiederum auf der Siegerseite. Ein verunsicherter Einkäufer wird sich vermutlich noch nicht einmal trauen, seinen Wunsch nach einer Preis- und Konditionenverbesserung zu formulieren. Völlig klar also:

Ein erfolgsorientierter Einkäufer muss emotional unabhängig sein, eine gehörige Portion Selbstbewusstsein besitzen und unnachgiebig auf seinen Forderungen beharren.

Ausgeprägte rhetorisch-kommunikative Fähigkeiten gehören deshalb konsequenterweise zu den fast schon »überlebenswichtigen« Erfolgswerkzeugen der Einkäufer. Sobald der Verkäufer bemerkt, dass er das Gespräch dominiert, wird er nachsetzen und seine Position immer weiter ausbauen. Sein Gegenüber, der eigentlich angetreten war, für sein Unternehmen ein glänzendes Verhandlungsergebnis zu erzielen, gerät bisweilen in die Rolle des Statisten. Das erforderliche rhetorische Geschick lässt sich nicht in einem Zwei- oder Dreitagesseminar erlernen. Vor allem nicht in solchen Seminaren, in denen Verkaufstrainer zu Verkäufern in eigener Sache werden und ihre vermeintlichen Heilslehren für erfolgreiche Geschäftsabschlüsse einfach auf die Bedürfnisse eines Einkäufers übertragen. Learning-by-doing hat sich in der Praxis immer noch als ideale Vorgehensweise erwiesen, Verhandlungskompetenz und -taktik zu vermitteln. Damit solche Erfolge möglich werden, begleiten Experten, die alle Methoden der Verkäufer kennen, die Einkäufer zu den Gesprächen und nehmen aktiv an den Verhandlungen teil. Anschließend analysieren sie mit den Firmenvertretern den Gesprächsverlauf und erarbeiten gemeinsam Strategien für deren bessere Performance bei zukünftigen Einkaufsrunden.

Von diesen Einkaufsexperten können Einkäufer auch lernen, dass erst mentale Unabhängigkeit die Basis für eine offensive Verhandlungsführung schafft. Wer bei seinen Gesprächen mit Lieferanten unaufhörlich demotivierende Worte wie »Das geht nicht« hört, wird irgendwann ungehalten, reagiert dementsprechend missmutig und verliert sein Engagement. Ein weiterer entscheidender Fehler, den Verkäufer nur zu gerne für sich nutzen. Die Erfolg versprechende Reaktion auf derart inflexible Verhandlungspartner heißt deshalb, die Faust in der Tasche zu ballen und vorurteilsfrei mit neuem Elan in das nächste Gespräch zu gehen – selbst wenn sich der Lieferant zuvor extrem unkooperativ präsentiert hat.

Einige Einkäufer bewerten ihre Leistungen zu hoch

Natürlich berichten Einkäufer ihren Vorgesetzten gerne von aus ihrer Sicht hervorragenden Verhandlungsergebnissen. Lob vom Vorgesetzten hört schließlich jeder gerne. So treffen wir häufig auf Einkäufer, die in der Selbsteinschätzung ihrer Einkaufsgespräche zu unkritisch sind und nach eigenen Aussagen nahezu jeden Verkäufer zu Zugeständnissen verleiten. Hinterfragen Sie diese zunächst perfekt wirkenden Leistungen deshalb besonders kritisch. Denn viele geben sich allzu schnell mit Erfolgen zufrieden, die längst nicht herausragend sind. Besonders problematisch wird es, wenn es Einkäufern am notwendigen Spirit of Competition fehlt, ihnen der rasche Erfolg genügt, der sich gegebenenfalls aber nur in unwesentlich verbesserten Konditionen widerspiegelt. Vom Ehrgeiz, noch besser zu werden und den Verkäufer zu noch attraktiveren Konzessionen zu bewegen, ist der durchschnittliche Einkäufer in der Regel nicht immer erfasst. Der Grund für diesen mangelnden »Biss«: In vielen Unternehmen fehlen die notwendigen Kennzahlen zur Beurteilung der Leistung des Einkaufs – und damit die Basis für eine erfolgsorientierte Vergütung. Verkäufer werden dagegen von neuen, immer ehrgeizigeren Umsatzvorgaben ihrer Vorgesetzten und der Aussicht auf hohe Provisionen getrieben.

Wer diese Ziele nicht erreicht, muss als Vertriebsmann damit rechnen, über kurz oder lang entlassen zu werden. Zumindest wird seine erfolgsabhängige Vergütung dramatisch sinken. Vor solchen drastischen Reaktionen der Geschäftsleitung und schmerzlichen Gehaltseinbußen brauchen sich Einkäufer jedoch nicht zu fürchten, wenn sie keine Höchstleistungen erbringen. Ich habe noch nie von einem Einkäufer gehört, der Gehaltseinbußen hinnehmen musste, weil seine Leistungen die Erwartungshaltung der Geschäftsführung nicht erfüllten. Zur Trennung kommt es höchstens, wenn Korruptionsfälle aufgedeckt werden oder der Einkäufer von sich aus kündigt.

Oft lässt es sich nicht nachweisen, dass Preisverhandlungen mäßig erfolgreich verliefen. Wenn es gilt, Gründe für den nicht zufriedenstellenden Verlauf zu finden, neigen einige Beschaffer dazu, diese grundsätzlich auf von ihnen nicht zu beeinflussende Ursachen zurückzuführen. Zu einem der beliebtesten Argumente gehört »überproportional gestiegene Rohstoffpreise«. Sind im umgekehrten Fall jedoch die Preise für diese Rohstoffe gesunken und wurde eine Preisreduzierung damit eigentlich schon selbstverständlich, legen die Einkäufer dann leider häufig diesen erzielten Nachlass als persönlichen Erfolg aus. Die Folge: Die Geschäftsleitung sieht sich in ihrer Überzeugung, eine effiziente Einkaufsabteilung zu besitzen, einmal mehr bestätigt.

Die Persönlichkeitsstrukturen sind häufig vergleichbar

Während unserer Beratungstätigkeit lernen meine Mitarbeiter und ich täglich neue Einkäufer kennen. Vier unterschiedlich ausgeprägten Persönlichkeitstypologien begegnen wir dabei leider ziemlich häufig. Deren Verhalten wurde von uns analysiert und in dem folgenden Raster dargestellt. Zu unterscheiden sind der

- Selbstüberschätzer,
- Analytiker,
- Gehilfe des Lieferanten,
- Sicherheitsorientierte.

Der Selbstüberschätzer

Er stellt seine Ergebnisse als optimal dar. Er ist in der Lage, blitzschnell jeden Abschluss argumentativ zu hinterlegen. Die Möglichkeit, bessere Konditionen als er zu erreichen, erscheint ihm völlig ausgeschlossen. Der Selbstüberschätzer ist fest davon überzeugt, dass es der Lieferant nicht wagen würde, bei ihm schlechte Preise durchzusetzen.

Die Folgen: Der Selbstüberschätzer nimmt die Argumentation des Lieferanten auf, übernimmt sie für seine Erfolgsdarstellung. Seine erzielten Ergebnisse stellt er fast nie auf den Prüfstand. Vermeintliche Erfolge in den einzelnen Bereichen werden aktiv in den Vordergrund gestellt. Das gibt dem Selbstüberschätzer die Möglichkeit, andere Bereiche zu vernachlässigen.

Der Analytiker

Er kennt jede Kennzahl in seinem Beschaffungsbereich. Ein perfekt aufgearbeitetes Datenmaterial gibt ihm das trügerische Gefühl der Sicherheit, alles Wesentliche getan zu haben. Allerdings nutzt der Analytiker nicht die Chance, aus seinen hervorragenden Kenntnissen Vorteile für sein Unternehmen zu ziehen.

Die Folgen: Der Analytiker versperrt sich durch die Vielzahl von Kennzahlen den Blick auf das eigentliche Ziel. Bloße Analysetätigkeiten nehmen mehr Raum ein als die pragmatische Umsetzung und in diesem Sinn die zwingend notwendige regelmäßige Kommunikation mit dem Lieferanten. Informationen aus dem Markt werden bei Einkaufsgesprächen nicht eingesetzt, da der Analytiker nicht umsetzungsorientiert arbeitet.

Der Gehilfe des Lieferanten

Um sich den Arbeitsalltag möglichst zu erleichtern, pflegt der Gehilfe besonders enge Beziehungen zu den Lieferanten. Informationen, mit denen ihn die Verkäufer versorgen, übernimmt er ungeprüft und baut darauf seine Argumentation gegenüber der Geschäftsleitung auf. Kein Wunder, dass er die Zusammenarbeit mit seinen Zulieferern als hervorragend ansieht und von diesem Verhältnis möglichst lange profitieren möchte. Für ihn ist es nahezu undenkbar, in Zukunft mit anderen Lieferanten zusammenzuarbeiten. Seine Marktbeobachtung beschränkt sich häufig auf das flüchtige Durchlesen von Marktberichten, »die ich täglich von einem Lieferanten bekomme.«

Die Folgen: Sobald der Einkäufer zum Gehilfen seiner Lieferanten degeneriert, sind grundlegende Veränderungen kaum noch realisierbar. Solche allzu guten Geschäftsbeziehungen, für die der Zulieferer natürlich alles tut, kosten einem Unternehmen aber meist viel Geld. Denn die Lieferanten leben in einer Art Schlaraffenland. Sie können sich eine sichere Kundenbeziehung aufbauen, die vom befreundeten Einkäufer nur höchst selten, oft sogar überhaupt nicht, durch Forderungen nach besseren Konditionen auf die Probe gestellt wird. Bestenfalls werden für einzelne Artikel Preisreduzierungen vereinbart und anschließend als Erfolg für die gesamte Lieferantenbeziehung dargestellt.

Der Sicherheitsorientierte

Sein oberstes Ziel ist es, die Versorgung des Unternehmens sicherzustellen. Diese Vorgabe übernimmt der Sicherheitsorientierte als einzige Maßgabe für seine Beschaffungstätigkeit. Er ist bereits erfreut, wenn die Liefertreuequote des Lieferanten 100 Prozent erreicht, nur wenige Reklamationen zu bearbeiten sind und die Bestellungen reibungslos abgewickelt werden. Bietet dann auch noch einmal im Jahr ein Lieferant einen Preisnachlass von 1 bis 2 Prozent an, ist dieser Einkäufertyp zufrieden. Für den Sicherheitsorientierten gilt: »Mir ist wichtig, dass die Waren zum zugesagten Liefertermin im Hause sind. Der Preis steht deshalb erst an zweiter Stelle.«

Die Folgen: Der Sicherheitsorientierte verliert die zwingend notwendige Nähe zum Markt. Er kann seine Tätigkeiten optimal planen, da ihm die Unterstützung der Lieferanten sicher ist. Konflikte treten deshalb relativ selten oder gar nicht auf. Dieser Einkäufer ist mit dem Erreichten zufrieden und bemüht sich deshalb nicht ausreichend darum, für das Unternehmen innovative Beschaffungsmöglichkeiten zu identifizieren und von ihnen zu profitieren.

Ohne Zweifel gibt es in vielen Einkaufsabteilungen auch Mitarbeiter, die sich ihrem Unternehmen mehr als verpflichtet fühlen und deshalb mit ihrer Arbeit ein Maximum an Erträgen erzielen wollen. Diese Damen und Herren sind jedoch leider allzu rar. Meine Mitarbeiter und ich treffen jedenfalls viel zu selten auf solche Vorbilder. Viel häufiger haben wir es dagegen mit Einkäufern zu tun, die auf unseren Vorschlag, langjährige Lieferantenbeziehungen auf ihre Effizienz für das Unternehmen zu untersuchen, reserviert reagieren. Antworten wie »Diesen Bereich habe ich erst kürzlich verhandelt, der Lieferant war schon immer äußerst zuverlässig. Ihm käme es überhaupt nicht in den Sinn, mir ein Angebot über Marktniveau zu unterbreiten. Einzelne Artikel haben wir außerdem im Markt angefragt und ausschließlich Angebote oberhalb des aktuellen Preises unterbreitet bekommen. Dieses Ergebnis macht ja wohl deutlich, wie gut wir verhandelt haben – trotz steigender Rohstoffpreise«, sind viel zu häufig Standard. Eine Rückschau auf abgeschlossene Projekte zeigt, dass wir trotz starker Zweifel der Einkaufsabteilungen in der

Lage sind, deutliche Konditionenverbesserungen – im Jahr 2002 durchschnittlich 13 Prozent – zu erzielen.

Dass wir besonders oft auf die bereits präsentierten vier Einkäufer-Typologien treffen, hat seinen guten Grund. Diese Wandlungen zum Selbstüberschätzer, Analytiker, Gehilfen des Lieferanten oder Sicherheitsorientierten sind die Reaktionen auf das typische Missverhältnis zwischen administrativen und strategischen Aufgaben in den klassischen Einkaufsabteilungen. Der hohe Anteil der Verwaltungstätigkeiten blockiert die Einkäufer verständlicherweise in ihrer Selbstentfaltung. Sie versuchen daraufhin, über eines der aufgezeigten Typenverhalten einen Ausweg aus dieser unbefriedigenden Situation zu finden.

Es muss längst nicht immer ein Hochschulabsolvent sein

Wissen Sie eigentlich, welche Ausbildung Ihr Einkaufsleiter absolviert hat? Universitäten und Fachhochschulen widmen sich dem individuellen Training von Nachwuchseinkäufern derzeit ohnehin noch viel zu wenig. In Deutschland existieren im Jahr 2003 zirka 100 Marketinglehrstühle, wobei der Studiengang Betriebswirtschaftslehre an deutschen Hochschulen das Thema Beschaffung allenfalls tangiert. Qualifizierte Bildungsstätten für angehende Beschaffungsprofis sind leider kaum zu finden. Ich hoffe allerdings, dass sich an diesem gravierenden Missverhältnis in absehbarer Zeit etwas ändert. Bis dahin gilt es jedoch, die Einkaufsmannschaft weitgehend in Eigeninitiative zu schulen.

Der Bedarf an beschaffungsorientierter Weiterbildung ist immens. Denn ohne ein profundes betriebswirtschaftliches Basiswissen und technisches Verständnis wird es einem modernen Einkäufer schwer fallen, die Anforderungen an seine Position zu erfüllen. Intensive Branchenkenntnisse wirken sich dagegen längst nicht so erfolgsentscheidend aus, wie häufig vermutet wird. Allerdings sind die vorhandenen Markt- und Produktkenntnisse vieler Einkäufer nach unserer Erfahrung unzureichend. Oft genug fehlt es den Mitarbeitern am notwendigen Know-how, um die Marktbearbeitung EDV-gestützt zu erledigen und damit Zeit für ihre strategischen Aufgaben zu sparen. Häufig präsentieren uns Unternehmen voller Stolz ihre aufwändige IT-Technologie. Die Mitarbeiter sind aber längst nicht immer in der Lage, diese zukunftsweisenden Werkzeuge in ihrer gesamten Bandbreite zu nutzen.

An diesem Defizit sind zum einen die schon beschriebenen, viel zu engen Bindungen an langjährige Lieferanten und die daraus resultierenden »angenehmen« Folgen für die tägliche Arbeit schuld. Zum anderen führt auch hier die Verpflichtung, eine Vielzahl von Verwaltungstätigkeiten erfüllen zu müssen, dazu, dass für konzeptionelles Arbeiten wenig, oft sogar überhaupt keine Zeit übrig bleibt. Solche Gesprächspartner, denen grundlegende Marktinformationen fehlen, sind bei Verkäufern natürlich willkommen. Gleichzeitig bestätigen nur mäßig Informierte die Vorurteile anderer Abteilungen, dem Einkauf mangele es an der notwendigen Kompetenz, strategisches Beschaffungsmanagement betreiben zu können.

Fachliches und persönliches Know-how stellen aber nicht nur die unbedingt notwendigen Qualifikationen für den Job dar und sorgen für die erforderliche Motivation. Sie schaffen auch die Voraussetzung dafür, dass Lieferanten keine Chance bekommen, durch vermeintlich selbstlose Hilfsangebote den Einkäufer besonders eng an ihr Unternehmen zu binden. Der einfache Grund: Die Beschaffer sind nicht auf fremde Hilfe angewiesen.

Um die teilweise bestehenden Abhängigkeiten zwischen Lieferanten und ihren Ansprechpartnern rechtzeitig zu erkennen, gibt es eine Reihe von praxiserprobten Maßnahmen. So kann die Geschäftsleitung zum Beispiel ein Regelwerk schaffen, das die Lieferantenbeziehungen in definierten Abständen kritisch hinterfragt und analysiert. Ein konsequentes Reporting der Einkäufer an ihre Kollegen und Vertreter der Geschäftsleitung wäre eine weitere Erfolg versprechende Möglichkeit, um die Unabhängigkeit der Einkaufsabteilung zu wahren. Einer objektiven Analyse kann es dienlich sein, Kollegen aus einem anderen Bereich als neutrale Beobachter an den Verhandlungsgesprächen partizipieren zu lassen.

Die Reaktion vieler Einkäufer scheint für einen Vertriebsprofi berechenbar

Verkäufer werden intensiv darauf geschult, einen ihnen bislang unbekannten Einkäufer in kurzer Zeit emotional an sich zu binden. Mit freundlichen Worten und einigen interessierten Fragen nach dem Privatleben gelingt es dem Verkäufer oftmals schnell, die Sympathie des Einkäufers zu gewinnen. Verständlich, dass man sich mit sympathischen Verkäufern lieber unterhält als mit nüchternen Vertriebsbeauftragten, die sich ausschließlich auf die Präsentation ihrer Produkte fokussieren.

Für das Unternehmen besteht allerdings die Gefahr, dass eine zu enge emotionale Bindung den sachlichen Anforderungen einer Kunden-/Lieferantenbeziehung untergeordnet wird. Im Extremfall kann solch eine »emotionale Wettbewerbsverzerrung« zu exorbitant hohen Preisen führen, die vom Einkäufer akzeptiert werden, weil er den Vertreter des Zulieferers einfach besonders gerne mag. Ich betonte bereits, dass ich dieses Verhalten, von der menschlichen Seite betrachtet, für völlig verständlich halte. In vielen Fällen bemerkt der Betroffene sogar noch nicht einmal, wie sehr er sich bereits an diesen Verkäufer gebunden hat.

Der moderne Einkäufer kann von seinen Kollegen im Verkauf etwas lernen

Die traditionellen Einkäufer sind häufig introvertierter als die ihnen in Lieferantenverhandlungen gegenübersitzenden Gesprächspartner. Sie neigen nicht dazu, offensiv in Gespräche einzugreifen und ihre Person in den Vordergrund zu stellen. Die klassischen Verkäufer hingegen gelten als überaus extrovertiert und häufig eloquent. Vertriebsprofis sind darauf geschult, freundlich zu lächeln, selbst wenn sie ihre Gesprächspartner für extrem anstrengend halten. So ist es für sie fast eine Frage der Ehre, nicht aufzugeben, bis der Auftrag unterschrieben wurde. Natürlich muss man solches Verhalten nicht unbedingt schätzen. Trotzdem sollten sich Einkäufer den »Biss« und die Hartnäckigkeit der Vertriebsprofis zum Vorbild nehmen.

Verkäuferqualitäten sind auch im Umgang mit den Kollegen in den anderen Abteilungen gefragt. Ihnen müssen der Einkaufsleiter und sein Team überzeugend klar machen, welche Kompetenzpotenziale im Einkauf vorhanden sind und wie wichtig damit eine aktive Zusammenarbeit zwischen den Ressorts für den Erfolg des Unternehmens wird. Der Beschaffer positioniert sich als kompetenter Dienstleister für die Fachbereiche seines Unternehmens. Bedenkenträger, die es natürlich immer geben wird, lassen sich so zumindest weitgehend reduzieren.

Ein Beschaffungsmanager, der sich nicht als »Bestellabwicklungskommissar« versteht, formuliert ein Gesamtziel, das er seiner Mannschaft beziehungsweise dem jeweiligen Beauftragten für eine Warengruppe vorgibt. Auf dem Weg, diese Vorgabe zu erreichen, steht der moderne Einkaufsleiter seinem Team mit Rat und Tat zur Seite. Erfolgsabhängige Vergütungsmodelle – wie für Vertriebsmitarbeiter – sorgen für die notwendige Motivation.

Das situative Beschaffen, also das Bestellen von dringend benötigtem Material unter Zeitdruck, muss zur absoluten Ausnahme werden. Der Fokus eines effizienten Einkäufers liegt eindeutig auf der mittelfristigen Beschaffung mit Hilfe von strategisch eindeutigen Lieferantenkonzepten sowie deren zielgerichteter Umsetzung. Fast schon selbstverständlich, dass »Total Cost of Ownership«-Gesichtspunkte die Basis für den Kaufentscheid bilden. Der Preis für das Produkt, in der Vergangenheit als einziger Orientierungspunkt, darf nicht mehr allein über die Auftragsvergabe entscheiden.

Das Anforderungsprofil an einen professionellen Einkäufer

Ein ertragsorientierter Beschaffungsmanager muss eine Fülle von Aufgaben bewältigen, die höchste Anforderungen an sein fachliches und persönliches Know-how stellen. Sein Fachwissen lässt sich über eine breitere und bessere Qualifikation sowie die feste Integration des Einkaufs in Entscheidungs- und Planungsgremien des Unternehmens optimieren. Die sozialen Fähigkeiten müssen darüber hinaus trainiert werden.

Die fachlichen Anforderungen an einen Einkäufer

Strategisches Beschaffungsmanagement heißt die Erfolgsmethode für nachhaltige Ertragssteigerungen.

Die Aufgabenschwerpunkte setzen sich aus diesen Tätigkeiten zusammen:

- Lieferantenmanagement
- Informationsmanagement
- Entwicklung logistischer Konzepte
- Wareneingangs-/Qualitätskontrolle
- Lagerwirtschaft
- Verhandlungsführung
- Vertragsgestaltung
- Controlling von Einkauf und Logistik
- Erstellen eines Organisationskonzepts
- Transparenzmanagement
- Entwickeln eines Personalführungskonzepts
- Gewährleisten von Versorgungssicherheit
- Prozesssteuerung
- Qualitätsmanagement für Einkauf und Logistik

Die Fortbildung zum »Fachkaufmann Einkauf/Materialwirtschaft« vermittelt die notwendigen Grundkenntnisse in den genannten Bereichen. Die Zusatzausbildung folgt in der Regel im Anschluss an eine kaufmännische Berufsausbildung bei einschlägiger Berufspraxis. Sie dauert in Teilzeit zwischen 9 und 24 Monaten. Vereinzelt werden auch zirka 1,5- bis 3-monatige Vollzeitkurse angeboten. Die Fortbildungsprüfung ist durch Rechtsvorschriften der Industrie- und Handelskammern geregelt.

Die Anforderungen an die Persönlichkeit des Einkäufers

Um ein zeitgemäßes sowie vorausschauendes Beschaffungsmanagement realisieren zu können, muss ein professioneller Einkäufer – neben den bereits genannten Eigenschaften wie Selbstbewusstsein und Redegewandtheit – zumindest im Ansatz über Soft Skills wie Kreativität, Konzeptions- und Kommunikationsfähigkeit verfügen. Diese Fähigkeiten gilt es weiterzuentwickeln, mit Erfahrungen anzureichern und auf das Management der relevantesten Kernaufgaben, also Lieferantenmanagement sowie Management der Beschaffungsprozesse zu übertragen.

Das Zusammenspiel von fachlichen und persönlichen Qualifikationen

Die erforderlichen Fähigkeiten, die aus einem traditionellen Einkäufer einen innerhalb und außerhalb des Unternehmens anerkannten Beschaffungs-Profi machen, lassen sich am besten am Beispiel der modernen Beschaffungselemente darstellen. Dabei wird deutlich, dass fachliche und persönliche Qualifikationen in Abhängigkeit zueinander stehen.

Lieferantenmanagement

Die direkten Auswirkungen eines optimal implementierten Lieferantenmanagements auf den Gewinn haben bislang erst wenige Unternehmen erkannt. Viel zu häufig verzichten sogar renommierte Adressen auf Lieferantenkonzepte und ordern nach wie vor situativ bei einer großen Zahl von Zulieferern. Lieferantenanzahl und Beschaffungsvolumen stehen also in einem ausgeprägten Missverhältnis. Preis- und Konditionenverhandlungen finden viel zu oft unregelmäßig statt. Das Controlling reduziert sich oftmals auf Lieferantenbewertung, da keine klar definierten Ziele vorliegen. Und das sind nur ein paar Mängel, auf die wir im Bereich Lieferantenmanagement immer wieder stoßen.

Lieferantenmanagement setzt sich aus vier Einzelelementen zusammen. Dazu zählen

- Informationsmanagement
- Systematisierung der Beschaffungsgrundlagen
- Lieferantenkonzeption
- Logistikkonzeption

Informationsmanagement

Unstrukturierte Kommunikation und eine Vielzahl von Schnittstellen führen in der Praxis zu einer Fülle von Problemen, die nicht nur Zeit, sondern auch viel Geld kosten. So werden zum Beispiel Angebote für gleiche Bedarfsanforderungen doppelt eingeholt, Falschlieferungen durch mangelnde Absprache zwischen Einkauf und Bedarfsträger begründet, Bonivereinbarungen von einzelnen Abteilungen nicht an den Einkauf weitergemeldet.

Das Informationsmanagement beschäftigt sich damit, Daten und Fakten als Grundlage für eine effiziente Beschaffung zusammenzutragen und so aufzubereiten, dass daraus Planungs- und Entscheidungsgrundlagen abgeleitet werden können. Dazu muss der Einkaufsleiter eine Systematik entwickeln, die nicht nur eine zielorientierte Arbeitsweise, sondern auch Kreativität im Hinblick auf das Erschließen von Informationsquellen erfordert. Ein engmaschiges internes und externes Netzwerk schafft den Zugang zu den notwendigen Informationen. So ist es also erfolgsentscheidend, dass der Einkäufer nicht nur guten Kontakt zu den vorgelagerten Abteilungen pflegt, sondern exzellente Verbindungen mit Kollegen in anderen Unternehmen unterhält, sich Marktanalysen beschafft, die von lieferantenunabhängigen Branchenexperten angefertigt wurden. Er muss also ganz einfach gesagt »die Augen offen halten« und vorausschauend agieren. Das gelingt jedoch nur, wenn die Führungskraft im Einkauf aktiv den Kontakt nach außen sucht. Besuche der relevanten Messen und die Teilnahme an wichtigen Fachtagungen sollten deshalb zum Pflichtprogramm gehören. Bei diesen Terminen geht es schließlich nicht nur darum, das Fach-Know-how zu verbessern. Solche Veranstaltungen bieten zusätzlich eine wichtige Plattform, um mit Berufskollegen Erfahrungen auszutauschen und sein eigenes Netzwerk zu entwickeln. Um diesen Informationspool zu etablieren, bedarf es neben Systematik und Kreativität auch Konzeptions- sowie Kommunikationstalent.

Die umfangreichen Verpflichtungen, die allein durch den Aufbau eines effizienten Informationsmanagements entstehen, kann ein Einkaufsleiter kaum allein erfüllen. Es bietet sich deshalb an, die Aufgaben aufzuteilen. So fokussiert sich zum Beispiel der Senior Buyer beziehungsweise der Einkaufsleiter auf die strategisch geprägten Tätigkeiten. Dazu gehören in erster Linie

- Erschließen von Informationsquellen
- Einbinden der Lieferanten in die Informationsbeschaffung (Hier sollten Sie sich nicht ausschließlich auf Daten, die Ihnen Zulieferer zur Verfügung stellen, verlassen.)

- Erheben der beschaffungsrelevanten internen und externen Schnittstellen
- Aufbau und Installation eines internen und externen Informationsnetzwerkes im Unternehmen und im Markt
- Entwickeln von Reportingsystemen und Kennzahlen
- Einrichten von elektronischen Datenbanken zur Informationsherleitung und Analyse
- Erstellen einer Systematik zur Informationsaufbereitung

Der Junior Buyer beschäftigt sich schwerpunktmäßig mit den operativen Aufgaben, also

- Bearbeiten der erschlossenen Informationsquellen
- Kontrolle der Informationsbereitstellung durch Lieferanten
- Informationsbeschaffung aus den Informationsnetzwerken
- Erstellen und Auswerten der Reports
- Marktbeobachtung, Erfassung und Update der preisbeeinflussenden Faktoren

Systematisierung der Beschaffungsgrundlagen

Diese Tätigkeit baut auf einer Beschaffungsstrukturanalyse auf. Die Analysegegenstände setzen sich aus diesen Elementen zusammen

- Mengen- und Materialbedarf jährlich/monatlich/wöchentlich
  Jahres-Forecast mit mindestens monatlichen Anpassungen, erstellt auf Vorjahresbasis und Planzahlen des Vertriebs, der Produktion, der Forschungs- und Entwicklungsabteilung sowie der anderen bedarfstragenden Abteilungen
- Mengen- und Materialverteilung jährlich/monatlich/wöchentlich
  Jahres-Forecast mit mindestens monatlichen Anpassungen, erstellt auf Vorjahresbasis und Planzahlen der bedarfstragenden Abteilungen
- Lagerkapazitäten und -kosten
  Jahres-Forecast, erstellt auf Vorjahresbasis mit monatlichen Anpassungen

- Bestellrhythmus-/Bestellartenanalyse
  Auflisten der Bestellhäufigkeiten pro Material/Warengruppe/Bedarfsgruppe/Lieferant
- Deckungsbeitragsrechnungen zur Make-or-buy-Analyse
  Erstellen und regelmäßiges Anpassen einer kurz-, mittel- und langfristigen Make-or-buy-Produkt- beziehungsweise Dienstleistungsliste
- Produktspezifizierungen
  Spezifikation der zu beschaffenden Materialien beziehungsweise Dienstleistungen nach Qualität und Inhalten
- Importrecht-/bedingungen
  Schaffen einer Sourcing-Basis für potenzielle Beschaffungsländer
- Lieferantenliste
  Auflisten bestehender und potenzieller sowie – falls erforderlich – freigegebener Lieferanten pro Warengruppe/Dienstleistung
- Preis-/Mengenverlauf pro Lieferant/Material/Dienstleistung
  Analysieren und Auswerten der Daten
- Preisbildungsfaktoren
  Dokumentieren und Überprüfen der preisbeeinflussenden Faktoren pro Warengruppe/Material/Dienstleistung
- Lieferanteninformationen
  Lieferantenselbstauskünfte, Lieferantenbeurteilungen
- Vertragsanalyse
  Trennen nach Laufzeiten, Zahlungskonditionen, Lieferbedingungen, monetären und materiellen Sonderkonditionen, Allgemeinen Geschäftsbedingungen, Nachverhandlungsmodi

Der Senior Buyer übernimmt die Verantwortung für die strategisch orientierte Analyse der einzelnen Daten und macht die Ergebnisse zur Beschaffungsgrundlage. Außerdem schafft er die Rahmenbedingungen für Erhebung und Systematisierung der Daten. Der Junior Buyer sorgt für die notwendigen Informationen, bereitet sie auf und bindet sie in den täglichen Arbeitsablauf ein.

Lieferantenkonzeption

Nach der Systematisierung der Beschaffungsgrundlage entwickelt ein ertragsorientierter Beschaffungsmanager auf dieser Basis Lieferantenkonzepte. Diese Konzepte bestehen aus Teilkonzepten wie

- Lieferantenstrukturkonzept
- Konzeption des Preis- und Konditionengefüges
- Sourcingkonzept
- Logistikkonzept
- Verhandlungskonzept
- Vertragskonzept
- Controllingkonzept zur Steuerung der Lieferantenbeziehungen
- Kommunikationskonzept

Aus den erarbeiteten Teilkonzepten entstehen anschließend die spezifischen Lieferantenkonzepte. Sie müssen exakt auf die jeweiligen Marktbedingungen, Materialien, Lieferanten, Warengruppen und Bedarfsgruppen abgestimmt werden.

Bei der Lieferantenkonzeption ist der Senior Buyer für deren Entwicklung auf Basis der Beschaffungsgrundlage sowie für die Ergebnisse des Informationsmanagements verantwortlich. Dabei gilt es, die internen Beschaffungsprozesse ebenso wie die Produktionsabläufe und Absatzkanäle zu berücksichtigen. Eine Umsetzungsstrategie verschafft dem Junior Buyer die Basis für seine operative Tätigkeit. Das erforderliche Einbinden der Unternehmensleitung über Statusgespräche und Reporting der positiven und negativen Ereignisse übernimmt wiederum der Einkaufsleiter. Zu seinen Aufgaben gehört es auch, bei den Vorgesetzten neue Konzeptionen mit Auswirkungen auf andere Fachbereiche durchzusetzen, sofern sie überzeugende Vorteile für das Unternehmen generieren. Diese Überzeugungsarbeit besitzt nur ein Senior Buyer mit hohem Selbstbewusstsein und großer Beharrlichkeit.

Der Einkaufsmitarbeiter setzt die Konzepte und Beschlüsse seines Vorgesetzten um und integriert sie in den täglichen Arbeitsablauf. Auch hierzu bedarf es Fähigkeiten wie systematischer Arbeitsweise, Durchsetzungsvermögen und guter Marktkenntnisse.

Logistikkonzeption

Hier geht es darum, die kosten-, zeit- und raumoptimierte Bedarfsdeckung sicherzustellen. Dies lässt sich natürlich ohne die genaue Kenntnis von Belieferungswünschen und -notwendigkeiten der Bedarfsträger nicht gewährleisten. Außerdem muss der Einkäufer Lagerkapazitäten, Lagerkosten und Umschlagshäufigkeit kennen, um diese Informationen in den Belieferungsanforderungen im Rahmen der Ausschreibungen zu formulieren. Er übernimmt also die Koordination der Anforderungen aus den verschiedenen Produktions- und Absatzschritten seines Unternehmens. Als Gesprächsgrundlage dienen die unterschiedlichen Kosten je Logistikkonzept, auf deren Basis gemeinsam mit den Fachabteilungen die kosteneffizienteste Lösung zu entwickeln und durchzusetzen ist.

Auch bei der Logistikkonzeption entscheiden wiederum konzeptionelles und kreatives Geschick sowie Überzeugungskraft des Senior Buyer über Erfolg oder Misserfolg seiner Arbeit. Vor allem die zeit-, kosten- und raumoptimierte Kombination der Anforderungen aus den unterschiedlichen Bereichen zu entwickeln, im Unternehmen durchzusetzen und den Lieferanten abzuverlangen, erfordert solche Skills. Der Junior Buyer hat die Aufgabe, die gewonnenen Informationen aufzubereiten und das von seinem Vorgesetzten installierte Abstimmungsprozedere aufrechtzuerhalten.

Das effiziente Management der Beschaffungsprozesse

Eine Kernaufgabe des modernen Beschaffungsmanagers liegt in der aktiven Gestaltung und Strukturierung der Beschaffungsprozesse unter unterschiedlichsten Aspekten. Diese Tätigkeit beginnt mit dem Erheben und Analysieren der bestehenden Beschaffungsabläufe unter Berücksichtigung der beschaffungsrelevanten Kommunikationsschnittstellen wie zum Beispiel Produktion, Lagerwirtschaft, Qualitätssicherung oder Vertrieb. Dabei sind externe Vorgänge, also Prozesse zwischen Unternehmen, Lieferanten, Logistikern und interne Abläufe getrennt zu betrachten. Dazu gehören die Bestellwege von der Bedarfsentstehung über die Bedarfsplanung und Bestellung bis hin zu Wareneingang, Qualitätskontrolle, Lagerverwaltung und Rechnungsprüfung. Die Prozessabwicklung innerhalb der Einkaufsabteilung gehört ebenfalls immer wieder auf den Prüfstand. Nicht zuletzt heißt es, die logistikrelevanten Prozesse des Absatzes und der Produktion zu erheben, um darauf aufbauend ein kosten- und zeitoptimierendes Logistikmanagement zu gewährleisten.

Diese Bereiche sollten Sie untersuchen:

- Kommunikationsmedien (zum Beispiel E-Mail, Fax, Warenwirtschaftssystem)
- Anzahl und Art der Medienbrüche (zum Beispiel eine E-Mail wird ausgedruckt und per Fax beantwortet)
- Anzahl der Schnittstellen
- Prozessauslöser
- Anzahl der Prozessschritte
- Prozessdauer

Mit einer sorgfältigen Analyse der gewonnenen Daten werden Stärken und Schwächen identifiziert. Ohne Kenntnis der möglichen einsetzbaren Systeme und ohne organisatorisches und kommunikatives Know-how gelingt es jedoch nicht, erkannte Defizite zu beseitigen. Ein engmaschiges Informationsnetzwerk innerhalb des Unternehmens, insbesondere mit Fachabteilungen wie Qualitätsmanagement, IT, Produktionsleitung, Rechnungswesen, Lagerverwaltung und Vertrieb, trägt dazu bei, den Wissensstand des Einkaufsleiters konsequent zu optimieren. Damit gelingt es ihm wesentlich leichter, ein tragfähiges Konzept zur Optimierung der externen sowie internen Prozesse zu entwickeln. Auf dessen Basis entsteht in enger Abstimmung mit den involvierten Abteilungen und der Geschäftsleitung eine zukunftsweisende Umsetzungsstrategie.

Ähnliches gilt für abteilungsinterne Prozesse. Hier muss der Beschaffungsmanager eine klare Struktur aufbauen und seinen Mitarbeitern eindeutig definierte Aufgabenfelder zuweisen. Diese Zuordnung kann sich beispielsweise an Warengruppen, Bedarfsgruppen oder Lieferanten orientieren. Die Personalstruktur sollte nach strategischem, operativem und administrativem Arbeitsaufwand erfolgen. Controllingkennzahlen, motivationsfördernde Maßnahmen wie die finanzielle Beteiligung der Mitarbeiter an den erzielten Erfolgen und gemeinsam festgelegte Zielvereinbarungen gehören ebenfalls zu den wichtigen Bestandteilen einer ertragsorientierten Prozessoptimierung. Der Junior Buyer übernimmt die Verantwortung für die operative Abwicklung des Verbesserungsprogramms innerhalb der Abteilung sowie der beschaffungsrelevanten internen und externen Schnittstellen.

Ein Beispiel für die mögliche Aufgabenverteilung in einer Einkaufsabteilung:

Senior Buyer	Junior Buyer	Sachbearbeiter	Auszubildender
Lieferantenmanagement	Operative Beschaffungstätigkeiten	Anlage der Stammdaten	Unterstützung bei administrativen Aufgaben und operativen Tätigkeiten
Informationsmanagement	Unterstützung, Umsetzung und Pflege der strategischen Konzeptionen	Reklamationsbearbeitung	Anlage der Bestellabrufe
Systematisierung der Beschaffungsgrundlagen	Situative Verhandlungsführung	Angebotsverwaltung	
Lieferantenkonzeption	Prozessstruktur-Erhebung	Vertragsverwaltung	
Logistikkonzeption	Prozessabwicklung und Pflege	Allgemeine Administration	
Strategische Verhandlungsführung	Betreuung der Auszubildenden	Erstellen des Basisreports	
Prozessmanagement	Aufbereitung des Reporting		
Beziehungsmanagement intern/extern			
Controlling			
Personalführungskonzept			

Beschaffungscontrolling als Gradmesser des Erfolgs

Auch der Aufbau eines zeitgemäßen Managements der Beschaffungsprozesse hängt entscheidend davon ab, ob es gelingt, die Effizienz des Einkaufs messbar zu machen. Das Controlling dient der Geschäfts- und Ressortleitung als wichtiges Instrument zur Planung, zur Überprüfung der eingesetzten Strategien sowie zur Leistungskontrolle der Mitarbeiter. Das gilt auch für das Beschaffungscontrolling. Früher wurden Einkäufer von ihren Vorgesetzten und der Geschäftsleitung auf Grund der Anzahl von ihnen erledigter Bestellungen, des bearbeiteten Einkaufsvolumens oder der Zahl der erfolgten Anfragen pro Order beurteilt. Die Aussagekraft dieser Kennzahlen ist jedoch begrenzt. Denn über solche Werte bleiben die eigentlich erfolgsentscheidenden Fähigkeiten eines Einkäufers unberücksichtigt. Für Beratungsleistungen, strategische Entscheidungsvorbereitung, Kommunikationsfähigkeit, Durchsetzungskraft, Kreativität und Entscheidungsfindung gibt es weder Lob noch Tadel.

Wesentlich aussagefähiger sind deshalb diese Kennzahlen:

– Bestellkosten =	Anzahl Lieferanten (L), davon Kernlieferanten (KL) und Nicht-Kernlieferanten (NKL) der Warengruppen (WG)
– Lieferantenstrukturentwicklung =	Anzahl L, KL, NKL in Berichtsperiode : Anzahl L, KL, NKL in Basisperiode
– Vertragsquote =	Anzahl Verträge : Anzahl der Lieferanten
– Vertragsstruktur =	Anzahl der Verträge, unterteilt in Rahmenverträge, Konditionenvereinbarungen und Mengenkontrakte
– Entwicklung der Vertragsstruktur =	Anzahl der neu verhandelten Verträge zur Basisperiode mit Ergebnisdarstellung
– Volumenentwicklung =	Beschaffungsvolumen der WG in Berichtsperiode : Beschaffungsvolumen der WG in Basisperiode

Nach meiner festen Überzeugung, die sich im Verlaufe der Beratertätigkeit immer wieder bestätigt, erreicht ein Unternehmen über Beschaffungscontrolling nur Erfolge, wenn ...

... ein Kennzahlenkonzept mit klarer Zieldefinition eingesetzt wird;

... sich das Unternehmen bei der Kennzahlenentwicklung sowie -analyse auf die zielführenden Bereiche (zum Beispiel

Vertragsquote) beschränkt und damit »Karteileichen« vermeidet;

... Benchmarking, also der Vergleich mit anderen Unternehmen, als Hilfe zur Definition von Soll-Kennzahlen genutzt wird;

... keine Interpretation von Kennzahlen und die Maßnahmenplanung zur Beseitigung von identifizierten Defiziten ohne vorherige Analyse erfolgt;

... die Abweichungsanalyse nicht nur durch den Einkauf, sondern abteilungsübergreifend durchgeführt wird und

... Leistungscontrolling als Motivationswerkzeug über Zieldefinition dient.

Werden diese Regeln eingehalten, wird das Beschaffungscontrolling zum wichtigen Instrument der Beschaffungsoptimierung.

Bei der Identifikation aussagefähiger Kennzahlen häufig auftretende Probleme und Lösungen:

Problemfeld	Probleme	Lösungsansätze	Effekte
Warengruppenstruktur	Nicht-beschaffungsorientierte Warengruppenstruktur; eindimensionale Warengruppen	Beschaffungsorientierte Warengruppensystematisierung z. B. nach Produktgruppen	Einfach verwertbares Datenmaterial, Erhöhung des Stellenwerts des Einkaufs im Unternehmen
Kennzahlenumfang	Auswahl sinnvoller Kennzahlen für das eigene Unternehmen	Zur Auswahl klare Zielsetzung definieren und mit der Geschäftsleitung abstimmen, evtl. Branchenvergleich; Kennzahlen immer wieder anwenden	Zielführender, programmatischer Aufbau der Kennzahlenstruktur; Beitrag zur Sicherung einer optimierten Finanzierung
EDV-Anwendung	Geringe Nutzung der vorhandenen Software; mangelhafte Datenpflege; zu geringe Software-Kenntnisse; redundante Eingaben	Einsetzen von z. B. SAP-Standardreports; Datenpflege; Anwendung einer Einkaufs-Informationssoftware; Schulung der Mitarbeiter; Schaffen einer homogenen Systemlandschaft	Vereinfachung und Beschleunigung der Datenanalyse; Entlastung der Einkaufs-Mitarbeiter, damit Zeitgewinn für strategische Aufgaben (Prozessdesign); verringerte Fehlerquote

Außerdem wird die Objektivität vieler Kennzahlen durch unterschiedlichste Einflussfaktoren geprägt. Auch diese Schwierigkeiten sind zu beseitigen. Einige Beispiele:

Problemfeld	**Probleme**	**Lösungsansätze**	**Effekte**
Lieferantenauswahl	Lieferantenvorgaben durch Vertrieb oder Geschäftsleitung (z. B. Bartergeschäfte) beeinflussen Einkaufskonditionen negativ	Marktscreening und detailliertes Ergebnisreporting im Fall von Lieferantenvorgaben (Kosten-/Nutzenanalyse)	Klare Dokumentation der Kosten/Nutzen; Herstellen von Objektivität zur Beurteilung der Leistung des Einkaufs
Ad-Hoc-Bedarfe	Der Einkauf wird häufig als »Trouble Shooter« genutzt. Kurze Vorlaufzeiten verhindern damit den optimierten Einkauf	Erfassen des Ad-hoc-Bedarfsanteils; Ursachenidentifikation mit den Bedarfsträgern sowie gemeinsame Prozessoptimierung	Prozessverbesserung und Sensibilisierung der Bedarfsträger für den Planungsbedarf des Einkaufs; Herstellen von Objektivität zur Beurteilung der Leistung des Einkaufs
Falsche Zielgrößen	Falsche Annahmen, mangelhaftes Benchmarking oder unzureichende Datenpflege führen zu abweichenden Ergebnissen	Prüfung der Abweichungen, Datenpflege, Bereinigung der Kennzahlen von Fehlern	Lerneffekte für die künftige Zieldefinition; Sicherstellen objektiver und realistischer Zielgrößen
Manipulierbarkeit	Kennzahlen lassen sich aktiv manipulieren, z. B. Kosten pro Bestellung = Einkaufskosten : Anzahl der Bestellungen. Die künstliche Erhöhung der Bestellanzahl führt zu einem verzerrten Ergebnis	Auswahl neutraler Kennzahlen, z. B. Kosten pro 1 Euro Bestellwert	Sicherstellen objektiver Bewertbarkeit

Problemfeld	Probleme	Lösungsansätze	Effekte
Externe und interne Einflussfaktoren	Beschaffungsmarktveränderungen, Bedarfsänderungen, Lagerveränderungen, veränderte Qualitätsansprüche beeinflussen Kennzahlen zur Analyse von Anschaffungskosten	Bereinigung der Kennzahlen um Einflussfaktoren, z. B. allgemeine Preisentwicklung einer Warengruppe/eigene Konditionen für diese Warengruppe	Sicherstellen einer aktuellen Marktübersicht; Sensibilisierung für beschaffungsrelevante Entscheidungen sowie Überwinden von Abteilungsegoismen

Die Interpretation der Kennzahlen und ihre Vergleichbarkeit erweisen sich ebenfalls häufig als problematisch. So beugen Sie vor:

Problemfeld	Probleme	Lösungsansätze	Effekte
Kennzahlenveränderung	Kennzahlen verändern sich im Zeitablauf positiv, negativ oder bleiben gleich. Dies erlaubt keinen direkten Rückschluss	Bereinigen der Kennzahlen um Einflussfaktoren	Richtige Interpretation und damit die Ableitung effizienter Maßnahmen wird möglich
Vergleichbarkeit	Branchenabhängige und warengruppenspezifische Werte sind nur bedingt vergleichbar, z. B. Rahmenvertragsquote: niedrige Soll-Kennzahl bei starken Preisschwankungen (Rohstoffe); hohe Soll-Kennzahl bei niedrigen Preisschwankungen (Büromaterial)	Auswahl sehr ähnlicher Branchen und Warengruppen für Benchmarking zur Zieldefinition	Sicherstellen objektiver Bewertbarkeit

Aussagefähige Beschaffungskennzahlen

Beschaffungskennzahlen erlauben es, durch ihre konsequente Kontrolle den Einkauf renditeorientiert zu steuern und seine Tätigkeit zu bewerten. Dabei werden interne Aspekte genauso wie externe Einflüsse berücksichtigt. Einige Unternehmen nutzen besonders aussagefähige Beschaffungskennzahlen als Grundlage für Prämien- und Sanktionsmodelle. Die betroffenen Mitarbeiter motiviert diese Regelung zusätzlich.

Wichtige Kennzahlen für ein effizientes Beschaffungscontrolling:

Basiskennzahlen
- Beschaffungsvolumen
- Lieferantenanzahl
- Artikelanzahl
- Anzahl der Warengruppen

Wertbezogene Kennzahlen
- Beschaffungsvolumen je Lieferant/je Artikel/je Warengruppe
- Beschaffungsvolumenveränderung je Lieferant/je Artikel/je Warengruppe
- Beschaffungsquote (Beschaffungsvolumen : Gesamtumsatz)
- Lagerquote (durchschnittlicher Lagerbestand : Gesamtumsatz)
- Einkaufsgemeinkostenquote (Einkaufsgemeinkosten : Beschaffungsvolumen)
- Einzelpreisveränderung je Artikel
- Preisnachlassquote
- Preisindices
- Durchschnittlicher Wert pro Bestellung
- Beschaffungsnebenkosten pro Einkaufsvolumen

Prozessbezogene Kennzahlen
- Anzahl Bestellungen
- Anzahl Bestellpositionen je Bestellung
- Anzahl Wareneingänge
- Kosten pro Bestellung
- Bezugskostenquote (Anteil der Bezugskosten am Einkaufsvolumen)

- Durchlaufzeiten pro Bestellung
- Umschlagsgeschwindigkeit, -häufigkeit (Anteil Materialverbrauch am Lagerbestand)
- Rahmenvertragsquote (Anteil Lieferanten mit Rahmenvertrag an der Gesamtzahl der Lieferanten)
- Anteil der elektronischen Bestellabwicklung
- Anzahl Schnittstellen mit anderen Abteilungen

Mitarbeiterbezogene Kennzahlen (Einkauf)
- Anzahl der Mitarbeiter im Einkauf
- Anteil operativ und strategisch tätiger Einkaufsmitarbeiter
- Anzahl Lieferanten je Mitarbeiter
- Beschaffungsvolumen je Mitarbeiter
- Mitarbeiterproduktivität
- Nutzungsgrad von Informationstechnologien
- Schulungszeit pro Mitarbeiter
- Anzahl der von Mitarbeitern besuchten Fachmessen
- Anzahl der Weiterbildungsmaßnahmen
- Anzahl der Entwicklungsprojekte mit Lieferanten

Lieferanten-/beschaffungsmarktbezogene Kennzahlen
- Lieferantenanzahl je Warengruppe
- Durchschnittliche Menge je Bestellung
- Verteilungsquote gemäß ABC-Analyse
- Anteil der Kern- und Nebenlieferanten an der Lieferantenanzahl
- Lieferantenkonsolidierung und -aufbauquote (Anteil abgebauter Lieferanten sowie Anteil aufgebauter Alternativlieferanten an der Gesamtzahl der Lieferanten)
- Verzugsquote (Anteil verspäteter Lieferungen)
- Beanstandungsquote, Reklamationsquote
- Durchschnittliches Zahlungsziel
- Mengentreue
- Termintreue
- Branchenentwicklungen, Branchenindices

Erfolgswerkzeug: Organisation

Forschung und Entwicklung, Produktion sowie Marketing und Vertrieb genießen in vielen Unternehmen die größte Anerkennung. Welcher Firmenlenker verweist nicht voller Stolz auf die zukunftsweisenden Leistungen seiner Produktentwickler und lobt nicht gerne in der Öffentlichkeit die Qualität seiner Vertriebsmannschaft? Kaum ein Manager hat mir jedoch bislang unaufgefordert von den außergewöhnlichen Erfolgen seines Beschaffungsteams berichtet. Der Grund für diese Zurückhaltung: Das »Funktionieren« des Einkaufs gilt in weiten Kreisen des Top-Managements als völlig selbstverständlich. Es geht sogar in einigen Fällen so weit, dass die Hauptentscheidungsträger noch nicht einmal genau darüber Bescheid wissen, welche Einkaufsvolumina von ihren Beschaffern bewältigt werden. Ein kontinuierlicher Dialog zwischen Unternehmens- und Einkaufsleitung findet, wenn überhaupt, in den meisten Firmen nur sporadisch statt. Selten dürfen Vertreter des Einkaufs an Diskussionen über strategische Unternehmensentscheidungen teilnehmen. Damit wird die vorhandene Mitarbeiterqualifikation einer ganzen Abteilung nicht ausreichend genutzt. Für mich unverständlich, denn die Qualifikation des Personals gilt schließlich als wichtiges betriebswirtschaftliches Erfolgskriterium.

Weisen wir auf diesen offensichtlichen Mangel hin, präsentiert man uns häufig ein detailliertes Organigramm, in dem der Einkauf an prominenter Stelle eingezeichnet ist – genauso positioniert wie Vertrieb, Produktion oder Entwicklung. Ein lobenswerter Ansatz, der dem Einkauf zumindest optisch einen gleichwertigen Stellenwert einräumt. Die Praxis sieht aber häufig völlig anders aus: Die Beschaffung steht, geht es um die Einbindung in wichtige betriebliche Abläufe und Entwicklungen, am unteren Ende der Hierarchie. Wie negativ sich diese Situation auf die Effizienz der betroffenen Mitarbeiter und ihre Einstellung zur Arbeit auswirkt, habe ich Ihnen auf den vorhergehenden Seiten bereits ausführlich dargelegt. Die Notwendigkeit, das Beschaffungsmanagement in die Geschäftspolitik von Unternehmen einzubinden, werde ich Ihnen auf den nächsten Seiten detailliert erläutern.

Deutliche Unterschiede zwischen Einkauf und Verkauf

Könnte Ihr Verkaufschef die Aufgaben des Beschaffungsmanagers übernehmen, ohne auf Statussymbole zu verzichten oder ein niedrigeres Gehalt in Kauf nehmen zu müssen? Vermutlich werden Sie, genau wie viele andere Verantwortliche auch, mit einem deutlichen »nein« antworten. Denn Einkaufsleiter gehören häufig noch zu den leitenden Mitarbeitern, die zum Beispiel keinen eigenen Dienstwagen fahren oder denen kein Firmenhandy zur Verfügung steht. Schon für Nachwuchsverkäufer sind solche Zugaben selbstverständlich. Geht es um Büroausstattung und -größe, werden die Unterschiede ebenfalls sichtbar: Während der Vertrieb in großzügigeren Räumen residiert, müssen die Einkäufer ihr Dasein oft genug in wenig komfortablen Büros fristen. In vielen Fällen sind die Beschaffungsressorts zusätzlich auch noch weit entfernt von der Firmenleitung platziert. Das hat Symbolcharakter.

Beim Gehaltsvergleich wird der Einkäufer ebenfalls wesentlich schlechter abschneiden als sein Kollege aus dem Vertrieb. So meldete die Vergütungsberatung Personal Markt Services im Juni 2003: »Für Vertriebsleiter bestehen nach wie vor überdurchschnittliche Verdienstmöglichkeiten, die sich sogar entgegen dem allgemeinen Trend in den letzten beiden Jahren noch verbessert haben.« Für Einkaufsleiter und ihre Teams gibt es solche erfreulichen Nachrichten hingegen nicht. Deshalb ist es nicht verwunderlich, wenn hin und wieder ein Einkäufer für Zuwendungen eines Lieferanten empfänglich wird. Lassen Sie mich aber noch einmal betonen, dass die Zahl der Korruptionsfälle wesentlich niedriger ist, als es die öffentliche Diskussion nahelegt.

Mut zur Selbstkritik ist die Voraussetzung zum Erfolg

Nehmen Sie sich Zeit und überprüfen Sie mit Hilfe der Checklisten, ob Ihr Einkauf tatsächlich über die Voraussetzungen verfügt, modernes Beschaffungsmanagement zu betreiben. Dabei steht vor allem folgende Frage im Fokus: »Wie intensiv binden Sie den Einkauf in die betrieblichen Abläufe ein?« Fragen Sie sich auch ganz kritisch, ob das Unternehmensorganigramm tatsächlich die reale Situation abbildet, also den tatsächlichen Stellenwert der Beschaffung im betrieblichen Alltag wiedergibt. Nur wenn die Einkaufsabteilung als eigenständiger Funktionsbereich auf dem Niveau von Produktion und Vertrieb positioniert ist, wird sie von den anderen Abteilungen als gleichwertig akzeptiert. Dann lässt sich auch die vorhandene fachliche Qualifikation der Einkäufer effizient nutzen.

Klar festgelegte Absprachen schaffen den Rahmen für die Neuausrichtung des Ressorts. Dazu gehören

- die Regelung der Verantwortlichkeiten zwischen Geschäftsführung, Einkaufsleitung und den Mitarbeitern des Ressorts
- das Festlegen der Controllinginhalte
- die Fixierung von Datenaufbereitungsfristen und Reporting-Terminen
- die Zielvereinbarung
- die Formulierung und Prüfung der Zielerreichung von qualitativen und quantitativen Optimierungsansätzen.

Schnittstellenmanagement schafft die Basis für modernes Beschaffungsmanagement

Schnittstellenmanagement soll den Informationsfluss zwischen Einkauf und Fachabteilungen optimieren sowie die Kommunikation koordinieren. Diese Anforderung zu erfüllen gelingt bislang jedoch viel zu wenigen Unternehmen. Der betriebliche Alltag beweist immer wieder, dass Schnittstellenmanagement im Rahmen der Beschaffungsoptimierung zu einem der wichtigsten Werkzeuge gehört. Hierüber lassen sich Abläufe zur Informationsübertragung regeln, Kommunikationspartner, -inhalte, -wege, -medien und -zeiten festlegen. Nur wenige Unternehmen verfügen bislang jedoch über ein optimal funktionierendes Schnittstellenmanagement. Der Bundesverbands Materialwirtschaft, Einkauf und Logistik e.V. (BME) hat durch eine Befragung herausgefunden, dass 71 Prozent der befragten Einkäufer über Probleme beim Informationsaustausch mit anderen Abteilungen klagen. Die mangelhafte Einbindung des Einkaufs in beschaffungsrelevante Entscheidungen bemängelte knapp die Hälfte der Umfrageteilnehmer. Weitere 41 Prozent hielten die Bedarfsspezifikationen der Abteilungen für unzureichend. Die Studienteilnehmer gehen allerdings davon aus, dass den Unternehmensleitungen die bestehenden Schwierigkeiten und Hindernisse auf dem Weg zu einer effizienteren Beschaffung bewusst sind. Eine Veränderung werde aber nicht konsequent umgesetzt.

Das Heavy-User-Konzept als effiziente Variante des Schnittstellenmanagements

Die Neuausrichtung einer Einkaufsabteilung nach dem Heavy-User-Konzept verfolgt das Ziel, den Mitarbeitern in der Einkaufsabteilung mehr Zeit für strategische Einkaufsaufgaben zur Verfügung zu stellen und den Einkauf stärker in Beschaffungsentscheidungen zu integrieren. Dies erfordert klar definierte Kommunikationsschnittstellen intern zwischen den Bedarfsträgern und dem Einkauf sowie extern zu den Lieferanten.

Ziel eines Heavy-User-Konzepts ist es, innerhalb des Beschaffungsprozesses eine Kombination aus spezifischem Know-how der Fachabteilungen und dem kaufmännischen Wissen des Einkaufs herzustellen. Deshalb wird in dem Konzept die zentrale Beschaffungsfunktion der Einkaufsabteilung unterstrichen. Die Kompetenzen der Fachbereiche gehen aber in den Beschaffungsvorgang mit ein. Zu hoher Abstimmungs- und Kommunikationsaufwand zwischen dem Einkauf und den beteiligten Ressorts ist nicht zu befürchten. Denn das Konzept sieht eine Konzentration auf wenige – häufig sogar nur einen – kompetente(n) Ansprechpartner aus der Fachabteilung vor.

Die jeweiligen Experten werden nach diesem Prinzip ausgewählt: Zunächst geht es darum, den Heavy User, also das Ressort oder den Bereich, zu ermitteln, der innerhalb einer bestimmten Produkt- oder Dienstleistungsgruppe die höchsten Kosten verursacht, beziehungsweise den höchsten Bedarf hat. Diese Einheiten lassen sich zum Beispiel über die Warengruppen oder über die Sachkonten definieren. Der identifizierte Heavy User stellt einen Spezialisten zur Verfügung, der in Zukunft mit dem Einkauf die Bedarfsspezifikationen und Lieferantenauswahl für den jeweiligen Bedarf des gesamten Unternehmens inklusive aller Niederlassungen sowie Neuverhandlungen für bereits bezogene Produkte durchführt.

Sollte über die Zuordnung der Kosten ein Bereich ermittelt werden, der zwar die meisten Leistungen in Anspruch nimmt, aber keinen Ansprechpartner mit ausgeprägtem Fachwissen zur Verfügung stellen kann, wird ein Experte mit dem notwendigen Know-how aus einem anderen Ressort ausgewählt. Verursacht beispielsweise der Vertrieb die höchsten Rechtsberatungs- und Notariatskosten, wird es mit hoher Wahrscheinlichkeit in diesem Ressort keinen entsprechend hoch qualifizierten Juristen geben, der gemeinsam mit dem Einkauf die kompetenten sowie kostenoptimalen Dienstleister und Lieferanten ermittelt.

Die ausgewählten Ansprechpartner heißen »Einkaufskoordinator Fachbereich«, kurz »EKF«. Ihre Aufgabe ist es aber nicht nur, Einkaufsverhandlungen durch Fachwissen zu unterstützen. Sie sollen den Einkauf auch konsequent darauf hinweisen, mit Lieferanten Kontakt aufzunehmen, zu denen bislang noch keine Geschäftsbeziehungen bestanden. Identifiziert der EKF einen neuen kontinuierlichen Bedarf für bestimmte Produkte, muss er mit dem Einkauf darüber diskutieren, ob es betriebswirtschaftlich sinnvoll sein könnte, einen entsprechenden Rahmenvertrag abzuschließen.

Sieht die Beschaffungsabteilung in einer bestimmten Produktgruppe Handlungsbedarf, wendet sie sich direkt an den Einkaufskoordinator Fachbereich. Damit schafft das Heavy-User-Konzept nicht nur die notwendige strukturierte Kommunikationsgrundlage zwischen den Fachabteilungen, dem Einkauf und den Lieferanten. Gleichzeitig optimiert das Verfahren die Bedarfsspezifikation und sensibilisiert die Ressorts Forschung und Entwicklung, Produktion und Vertrieb für beschaffungsrelevante Entscheidungs- und Erfolgskriterien. Durch seine frühzeitige Einbindung in Beschaffungsverfahren sowie seine erwünschte Einflussnahme und Beratung der anderen Abteilungen kann der Einkauf einen wichtigen Beitrag zur Wertschöpfung und Sicherstellung der Wettbewerbsfähigkeit des Unternehmens leisten. Die Einkaufsabteilung wird damit zum kompetenten Inhouse-Dienstleister für die Fachressorts. Es hat sich allerdings als zielführend erwiesen, den EKF nur in strategische Beschaffungsprozesse und bei Einkäufen, die eine definierte Wertgrenze überschreiten, einzubinden. Die Beschaffung per E-Procurement oder Freitextanfragen, die über vorhandene Rahmenverträge abzuwickeln sind, können ohne den EKF erledigt werden.

Ein Beispiel aus der Praxis

Ziel:
Effizientes Beschaffen von Werbeartikeln.

Problem:
Jede Abteilung fragt Werbeartikel nach – ohne den Einkauf einzubinden. Damit bleiben ertragsfördernde Bündelungseffekte ungenutzt.

Lösung:
Die Fachressorts werden vom Einkauf sowie dem zuständigen Ansprechpartner für den Bereich Werbeartikel über den identifizierten optimalen Anbieter informiert.

Ablauf:

- EKF des Heavy Users spezifiziert für den Einkauf die Anforderungen an die gewünschten Werbeartikel
- Einkauf stimmt die Spezifikationen mit anderen Bedarfsträgern ab
- Einkauf recherchiert adäquate Lieferanten
- Ausschreibung erfolgt in enger Abstimmung zwischen Einkauf und EKF
- Einkauf und EKF erstellen das Lieferantenkonzept
- Der zukünftige Werbeartikellieferant für alle Bedarfsträger im Unternehmen wird ausgewählt

Erfolg:
Der Einkauf kann Anfragen weiterer Abteilungen nach Werbeartikeln sofort beantworten und bearbeiten, da der Lieferant bereits feststeht. Der Zeitaufwand für die Suche nach alternativen Zulieferern entfällt. Bündelungseffekte führen zu verbesserten Preis- und/oder Lieferkonditionen.

Vor- und Nachteile eines Zentraleinkaufs

Das Verfahren, Einkaufsaktivitäten für das gesamte Unternehmen – inklusive der Produktionsstandorte – auf einen Zentraleinkauf zu übertragen, klingt zunächst effizient. Auf diese Weise lassen sich schließlich höhere Volumina und damit Preis- und Konditionenvorteile realisieren sowie zeitaufwändige administrative Arbeiten reduzieren. Eine ganzheitliche Lösung, die vorsieht, dass der Zentraleinkauf sämtliche Bedarfsanforderungen erhält und anschließend die Bestellungen durchzuführen hat, erweist sich in der Praxis jedoch oft als nicht realisierbar. So fehlt der zentralen Anlaufstelle zum Beispiel häufig das spezifische Know-how, um individuelle Produkte, die nur an einem Standort in kleinen Mengen benötigt werden, kurzfristig und in der richtigen Spezifikation zu bestellen. Gleichzeitig besteht die Gefahr, dass der notwendige Know-how-Transfer nicht im erforderlichen Maße zustande kommt und daraus Engpässe bei der Materialversorgung entstehen.

Fokussiert sich der Zentraleinkauf jedoch auf das Entwickeln von Beschaffungsstrategien, die gründliche Marktbeobachtung, das Verhandeln von Rahmenvereinbarungen für größere, häufig wiederkehrende Auftragsvolumina sowie auf die fachliche Unterstützung, ist der Erfolg meist sicher. Bei der IFA Hotel & Touristik AG haben wir mitgeholfen, die Beschaffung zu zentralisieren. Die Aktiengesellschaft bewirtschaftet und vermarktet Ferienhotels und Ferienklubs. Zunehmend gewinnen die Bereiche Gesundheit und Rehabilitation sowie Senioreneinrichtungen bei dem Unternehmen immer größere Bedeutung.

»Für uns ist der Einkauf ein permanentes Thema, weil der Bereich Food & Beverage einen enormen Kostenfaktor darstellt«, berichtet Thomas Pietzka, Vorstand Finanzen bei der IFA, und fährt selbstkritisch fort: »In der Vergangenheit haben wir das Thema allerdings nicht so zielgerichtet verfolgt, wie es notwendig gewesen wäre.« Bei der Datenerhebung und -analyse musste Pietzka auch erfahren, dass längst nicht alle Hauptlieferanten an seinen deutschen Standorten für dasselbe Produkt denselben Preis berechneten. Fehlende Datentransparenz sowie fehlende Kommunikation zwischen den Standorten hatten zu diesem Missstand geführt.

Inzwischen wurde ein Zentraleinkauf implementiert. Seine Aufgabe ist es unter anderem, Rahmenverträge vorzubereiten und deren Einhaltung zu verfolgen. Heute gelten deshalb für Produkte, die an allen Standorten benötigt werden, vergleichbare Preise. Spezielle Waren, zum Beispiel regionale Spezialitäten für die Hotels, werden nach wie vor von dem jeweiligen Haus geordert. Der IFA-Vorstand: »Natürlich haben unsere Direktoren in den Betrieben zunächst skeptisch reagiert, als wir sie darüber informierten, dass der Zentraleinkauf in Zukunft für die Beschaffung von größeren Volumina zuständig sein würde. Die Akzeptanz kam jedoch schon nach kurzer Zeit. Dann konnten wir den Herren nämlich schon die ersten Erfolge der Neustrukturierung präsentieren.«

Einkaufshandbücher gewährleisten nachhaltige Effizienz

Die Beschaffung zu optimieren heißt in den meisten Fällen auch, Strukturen sowie Vorgänge zu verändern und anzupassen. Damit Ihr Unternehmen nachhaltig von den eingeleiteten Maßnahmen und Veränderungen profitiert, sollten Sie die neuen Prozesse in einem detaillierten Einkaufshandbuch dokumentieren. Dies versetzt Sie in die Lage, die implementierten Verfahren immer wieder auf den Prüfstand zu stellen und gegebenenfalls anzupassen. Außerdem dient das Handbuch als Nachschlagewerk für alle, die im Einkauf tätig sind.

Diese Bereiche sollte ein Einkaufshandbuch abdecken:

- Geltungsbereich (Abteilungen, Personen)
- Anwendungsregeln – abteilungs- und schnittstellenübergreifend
- Zielsetzung des Handbuchs
- Möglichkeiten zum problemlosen Einarbeiten von neuen Inhalten
- Regelung der Zuständigkeit für die Pflege des Handbuchs
- Stellung des Einkaufs innerhalb der Unternehmensorganisation
- Beitrag des Einkaufs zum unternehmerischen Wertsteigerungskonzept
- Einkaufspolitik als Teil der Unternehmenspolitik
- Vision des Einkaufs im Unternehmen
- Zielsetzung des Einkaufs
- Grundsätze des Einkaufs
- Richtlinie zur Beschaffungsmarktforschung

- Richtlinie zur Sicherstellung der Versorgung
- Richtlinie zur Lieferantenauswahl
- Richtlinie zur Qualitätssicherung
- Richtlinie zu Einkaufskonditionen
- Richtlinie zur Liefertreue
- Richtlinie zu Lieferantenbeziehungen
- Richtlinie zum Berichtswesen/zur Dokumentation
- Organisatorischer Aufbau des Einkaufsbereichs
- Regelung des Informationsaustausches zwischen Einkauf und Geschäftsleitung beziehungsweise den anderen Abteilungen
- Aufgaben und Kompetenzverteilung innerhalb des Einkaufsbereichs
- Stellenbeschreibungen für die einzelnen Einkaufsfunktionen und -positionen
- Detaillierter Prozess von der Bedarfsentstehung bis zur Bedarfsbefriedigung
- Kennzahlensystematik als Steuerungsinstrument
- Schlichtungsregeln für Streitfälle des Einkaufs
- Vorlagen zum Abwickeln der allgemeinen Einkaufstätigkeit

Wie ausführlich die Durchführung sowie Vor- und Nachbereitung von Bestellungen geregelt werden, hängt von der Komplexität des Prozesses und der Produkte ab. Hier ein Beispiel für die Gliederung des besonders umfangreichen Einkaufshandbuches einer Unternehmensgruppe mit mehreren Produktionsstandorten.

1. Einleitung

2. Organisatorischer Aufbau des Einkaufs
    2. 1 Arbeitsgrundlagen und Hilfsmittel
    2. 2 Beschaffungszuständigkeiten
3. Aufgabenbereiche des Einkaufs der Unternehmensgruppe
    3.1 Leiter Beschaffung als interner Dienstleister
    3.2 Einbindung der Einkaufsabteilungen
    3.3 Heavy-User-Konzept
    3.4 Schlichtung von Unstimmigkeiten

4. Das Dienstleistungsportfolio
   4.1 Operative Beschaffung
      4.1.1 Bedarfserfassung
      4.1.2 Angebotseinholung und -genehmigung
      4.1.3 Übermittlung von Bestellungen
      4.1.4 Überwachung von Lieferterminen
      4.1.5 Rechnungsprüfung
      4.1.6 Reklamationsbearbeitung
   4.2 Sourcing
      4.2.1 Themenfestlegung und Abstimmung der Vorgehensweise
      4.2.2 Definition der notwendigen Bedarfsspezifikation und Lieferantenkonzeption
      4.2.3 Lieferantenrecherche und Aufstellung der Alternativlieferanten
      4.2.4 Durchführung eines Marktscreenings/einer Ausschreibung sowie einer Angebotsbeurteilung
      4.2.5 Durchführung von Verhandlungsgesprächen
      4.2.6 Ansätze einer zielgerichteten Verhandlungsführung
      4.2.7 Reverse Auction
      4.2.8 Lieferantenauswahl
      4.2.9 Lieferantenfreigabe
      4.2.10 Vertragsabwicklung und Dokumentation
   4.3 Lieferantenmanagement
      4.3.1 Entwicklung einer Lieferantensystematik
      4.3.2 Lieferantenbeurteilung und Kennzahlen
      4.3.3 Entwicklung von Einkaufsstrategien
      4.3.4 Lieferantenkontakte
   4.4 Informationsmanagement
      4.4.1 Informationsbereitstellung zur Lieferantenbeurteilung
      4.4.2 Bereitstellung eines Informationspools über die Lieferanten
      4.4.3 Darstellung der aktuellen Marktentwicklungen
      4.4.5 Reporting

5 Anhang
  5.1 Konzept zur Bedarfssteuerung
  5.2 Preisvergleichsübersicht
  5.3 Aufstellung Alternativlieferanten
  5.4 Standardanschreiben zu Ausschreibungen
  5.5 Ausschreibungsunterlagen
  5.6 Standardabsageschreiben

Auch bei der bereits vorgestellten IFA Hotel & Touristik AG bildet ein von uns erstelltes Regelwerk die Grundlage für eine nachhaltige Einkaufsoptimierung. Gleichzeitig wird in dem Handbuch festgeschrieben, welche Waren die Direktoren der deutschen IFA-Hotels und -Kliniken in eigener Regie einkaufen dürfen und welche Produkte über den neuen Zentraleinkauf zu ordern sind. Ein individuelles Beschaffungscontrolling überprüft zusätzlich konsequent die Effizienz des neu aufgestellten Einkaufs. Die Erfolge dieser eindeutigen Regelungen und des stringenten Controllings sind überzeugend: Die Beschaffungskosten im Food & Beverage-Bereich reduzierten sich um fast 14 Prozent. Im Nonfood-Bereich (wie zum Beispiel bei Reinigungsdienstleistungen oder Energieversorgung) wurden zum Teil sogar Rückgänge von bis zu 15 Prozent generiert.

Erfolgswerkzeug: Potenzialanalyse

Eine umfangreiche Potenzialanalyse stellt für uns die Basis einer grundlegenden Neustrukturierung eines Beschaffungsressorts dar. In intensiver Detailarbeit erheben und analysieren meine Mitarbeiter eine Fülle von Daten, die uns in die Lage versetzen, Optimierungspotenziale abzuleiten. Gleichzeitig schafft dieser umfangreiche Informationspool die Grundlage, einen tragfähigen Instrumenten-Mix zur Ausschöpfung der ermittelten Potenziale zu identifizieren.

Die Potenzialanalyse umfasst unter anderem die

- Betrachtung der Absatz- und Beschaffungsmärkte
- Aufbau- und Ablauforganisation der Beschaffung innerhalb des Geschäftsprozesses

– Analyse von Warengruppen und Lieferantenstrukturen
– Aufnahme der Lieferantenanforderungen und -präferenzen

Auf dieser Grundlage ermitteln wir ein Kostensparpotenzial bezogen auf die Volumina der von uns analysierten Warengruppen. Mit dieser Analyse, die in der Regel zwei bis vier Wochen Zeit in Anspruch nimmt, schaffen wir die Basis für eine individuelle Strategie zur Beschaffungsoptimierung. Eine Potenzialanalyse ohne externe Hilfe durchzuführen bringt meist wenig Erfolg. Berater reagieren unvoreingenommener und vor allem von internen Machtstrukturen unabhängig. Dennoch können Sie und Ihr Einkaufsleiter mit den Fragen, die wir mit Hilfe einer Potenzialanalyse beantworten, die aktuellen Prozesse im Beschaffungsressort kritisch überprüfen und erhalten eine erste Indikation.

Wie Profis eine Einkaufsabteilung analysieren

Der folgende Fragenkatalog bildet eine solide Grundlage für die Status- und die daraus abgeleitete Potenzialanalyse. Gleichzeitig ist er Benchmark für die durch das Beratungsprojekt realisierten Erfolge. Leider stoßen wir beim Durcharbeiten der Fragen mit den Einkaufsleitern immer wieder auf immense Informationslücken des Ressortchefs oder entdecken selbst in renommierten Unternehmen Defizite, die dazu führen, dass Jahr für Jahr exorbitante Renditepotenziale ungenutzt bleiben. Nehmen Sie sich deshalb genügend Zeit, unseren Fragenkatalog sorgfältig zu bearbeiten.

Beschaffungsorganisation – Strukturen

– Existiert ein aktuelles Unternehmensorganigramm, das auch den Beschaffungsbereich abbildet?
– Gibt es Stellenbeschreibungen oder ähnliches, die Aufgabengebiete, Funktionen und/oder Verantwortungsbereiche klar definieren?
– Wie ist der Aufgabenbereich des Einkaufs untergliedert? Wo liegen die Schwerpunkte? Übernimmt die Abteilung auch Aufgaben aus anderen Fachbereichen, die nicht einkaufsrelevant sind?

Prozesse

- Wie sieht der Bestellvorgang aus? Auf welchem Weg kommen die Bestellungen bei Ihnen an?
- Wer sind die Bedarfsträger im Unternehmen?
- Welche Bestellungen/Rahmenverträge werden ohne die Einkaufsabteilung abgeschlossen? Gibt es Abteilungen, die eigenständig einkaufen? Wenn ja, welche?
- Wie viele Bestellanfragen gehen bei Ihnen im Durchschnitt täglich ein? Schwanken die Volumina stark (saisonal, tageszeitabhängig)?
- Wie viele Bestellungen gehen bei Ihnen täglich an Lieferanten heraus? Gibt es hierbei Schwankungen?
- Welche Medien nutzen Sie für diese Bestellvorgänge?
- Wie holen Sie Angebote ein?
- In welchem zeitlichen Rahmen finden Lieferantenverhandlungen statt?
- Wer verbucht den Wareneingang der von Ihnen eingekauften Leistungen?
- Wer nimmt die Rechnungsprüfung vor?
- Wer legt neue Lieferanten im EDV-System an?
- Werden Rahmenverträge in SAP oder anderen EDV-Systemen hinterlegt?
- Wer übernimmt die Kontrolle der abgerufenen Bestellmengen? Wie und wie oft führen Sie diese durch?
- Zu welchen Abteilungen existieren Schnittstellen neben der Bestellbearbeitung (zum Beispiel Vertrieb, Controlling, Forschung und Entwicklung, Qualitätsmanagement)?
- Gibt es schriftlich fixierte Richtlinien für diesen Ablauf?
- Gibt es Produkte, die von diesem Beschaffungsablauf abweichen?
- Sind die Funktionen des Einkaufs im Unternehmen klar definiert?
- Funktioniert der ständige Austausch von Informationen mit den anderen Abteilungen und der Unternehmensleitung?
- Wer trifft die Einkaufs- beziehungsweise Listungsentscheidungen?
- Existiert ein einheitliches Ablage- beziehungsweise Datei-System im Bereich der Beschaffung?
- Bei welchen Schritten wird der Einkauf durch das EDV-System unterstützt?

Beschaffungskonzeption

- Existiert im Unternehmen ein umfassendes und detailliertes Einkaufskonzept?

Informatorische Grundlagen

- Werden die Einkaufsmärkte regelmäßig analysiert?
- Welche Informationsquellen werden genutzt?
- Wählen Sie die Informationsquellen gezielt aus?
- Legen Sie den Informationsbedarf vor der Recherche genau fest?
- Wenden Sie sich auch an bislang nicht gelistete Lieferanten?
- Wie planen Sie den Bedarf?
- Beziehen Sie in Ihre Recherchen konsequent internationale Märkte ein?
- Besucht Ihr Einkauf die relevanten Messen in Deutschland?
- Sind Sie über Messetermine im Ausland informiert?
- Werden nach Messebesuchen Protokolle angefertigt?
- Unterhält der Einkauf Kontakte zu Einkäufern anderer Unternehmen?
- Sind Ihre Lieferanten nach der Höhe des Ertrags- und des Einkaufsrisikos klassifiziert?
- Haben Sie auf Basis eines Lieferantenanforderungsprofils Bewertungskriterien definiert?
- Beurteilen Sie Ihre Lieferanten regelmäßig und systematisch anhand eines Formulars oder per EDV?
- Wurden in den letzten zwölf Monaten neue Lieferanten getestet?
- Sind in den letzten zwölf Monaten Lieferanten ausgeschieden?
- Nutzen Sie die Bewertungsergebnisse für die Einkaufsverhandlungen?
- Welche beschaffungsrelevanten Informationen werden Ihnen durch das EDV-System zur Verfügung gestellt?

Ziele

- Gibt es klare und detaillierte Einkaufsziele beziehungsweise -grundsätze?
- Sind die Einkaufsziele schriftlich fixiert?

Strategien/Maßnahmen

- Haben Sie eine Einkaufsprogrammübersicht (Warengruppenlogik)?
- Werden Maßnahmenpläne erstellt?
- Existiert ein schriftliches Anforderungsprofil für Lieferanten (Lieferantenleitfaden inklusive Qualitätsrichtlinien)?
- Setzen Sie für alle Einkaufsaufgaben Checklisten ein?
- Nutzen Sie standardisierte Rahmenverträge?
- Welche Bestimmungsfaktoren sind für Sie ausschlaggebend, um Einkaufs- beziehungsweise Einstandspreis zu ermitteln?
- Besteht eine Rückkoppelung zwischen Verkaufspreiskalkulation und dem Einkauf?
- Welche Rabatte und Boni fordern Sie von den Lieferanten (zum Beispiel Skonto, Rückvergütungen)?
- Unterliegen bestimmte Produkte saisonalen Schwankungen (zum Beispiel hinsichtlich Preis, Verfügbarkeit)?
- Wie werden Lieferantenrechnungen bezahlt?
- Welche Bezugsquellen nutzen Sie?
- Inwieweit profitieren Sie von den Möglichkeiten des E-Commerce (Internet-, Intranet-Lösungen)?
- Kümmern Sie sich konsequent darum, die Zahl der Lieferanten zu konsolidieren?
- Pflegen und vertiefen Sie die Kontakte zu leistungsstarken und wichtigen Lieferanten?
- Bei welchen Anbietern haben Sie eine geringe Verhandlungsmacht und wieso?
- Gehört Ihr Unternehmen einem Einkaufsverband an?
- Kaufen Sie gemeinsam mit anderen Firmen ein?
- Welche Produkte kommen für eine gemeinschaftliche Beschaffung in Betracht?
- Schalten Sie Einkaufsdienstleister ein?
- Besitzen Sie einen Mustervertrag zur rechtlichen Absicherung von Einkaufsdienstleistungen?
- Wie viel Prozent Ihres Einkaufsvolumens importieren Sie aus dem Ausland?
- Haben Sie die für den Import in Frage kommenden Produkte ausgewählt oder ergab sich der Bezug aus dem Ausland eher zufällig?

- Klassifizieren Sie die für Ihre Firma attraktivsten internationalen Beschaffungsmärkte?
- Besitzen Sie eine Adressenliste mit den wichtigsten Informationsstellen für internationale Geschäftskontakte?

Operatives Beschaffungsverhalten

- Gehen Sie immer mit klaren Zielen in ein Gespräch? Gibt es einen Verhandlungszielkatalog?
- Existiert für die Verhandlungen ein standardisierter Fragenkatalog?
- Protokollieren die Einkäufer jedes Gespräch?
- Werden Schwierigkeiten, die häufig mit Lieferanten auftreten, festgehalten und analysiert?
- Nach welchen Kriterien ermitteln Sie Ihre Bestellmengen und Bestellzeitpunkte?
- Verfügt das Unternehmen über ein wirksames Konzept, um die Einkaufskonditionen ständig zu verbessern?
- Schicken Sie Ihren A- und B-Lieferanten einmal pro Jahr eine Preisreduzierungsforderung?
- Wissen Sie, wie Ihre Lieferanten die Verkaufspreise kalkulieren?
- Besitzen Sie eine überzeugende Argumentationskette für Preisgespräche?
- Wenden Sie bei A-, B- und C-Lieferanten unterschiedliche Verhandlungsstrategien an?
- Verlangen Sie von Ihren Lieferanten geldwerte Zusatz- und Serviceleistungen?
- Fragen Sie Ihre Hauptlieferanten nach Vorschlägen zur Senkung Ihrer Einkaufskosten?
- Wie überwachen Sie die Preisentwicklungen in den verschiedenen Einkaufsmärkten (zum Beispiel anhand von Börsenkursen, Großhandelspreisen, Bundesstatistiken)?
- Kontrollieren Sie das Marktpreisniveau regelmäßig durch gezielte Nachfrageaktionen?

Beschaffungscontrolling

- Existiert bei Ihnen ein systematisches Beschaffungscontrolling?
- Mit welchen Kennzahlen arbeiten Sie?

- Welche dieser Kennzahlen werden durch Ihr EDV-System zur Verfügung gestellt?
- Kennen Sie die exakte Höhe Ihres Einkaufsvolumens?
- Ist das Einkaufsprogramm in A-, B- und C-Gruppen klassifiziert?
- Arbeiten Sie mit der XYZ-Analyse?
- Kennen Sie die genaue Höhe der Materialkosten?
- Untersuchen Sie den Einkauf kontinuierlich auf Schwachstellen?
- Erhält die Geschäftsleitung regelmäßig einen Einkaufsbericht?

Einschätzung und Beurteilung

- Wie hoch schätzen Sie den administrativen Anteil der Arbeit der Einkaufsabteilung?
- Wie hoch schätzen Sie die Qualität Ihrer Lagerwirtschaft?
- In welchen Bereichen wünschen Sie sich mehr Unterstützung des Einkaufs durch die anderen Abteilungen?
- In welchen Bereichen sollte das Einkaufsressort die anderen Abteilungen unterstützen?
- Wo liegen die Ursachen für noch nicht genutzte Potenziale?

Erfolgswerkzeug: Verhandlungsstrategie

Jeder erfolgreiche Manager hält es für völlig selbstverständlich und legitim, dass seine Verkäufer den Kunden für ein gleichartiges Produkt oder eine identische Dienstleistung unterschiedliche Preise anbieten. Diese »Konditionenspreizung« gilt als wichtiges Erfolgskriterium für nachhaltige Erträge. Unverständlich ist mir deshalb die Reaktion von zahlreichen Führungskräften, wenn ich sie nach der Performance ihres Einkaufs bei Preisverhandlungen frage. Die knappe Standardantwort: »Wir erhalten natürlich die besten Preise.« Auf den Gedanken, ihre Beschaffung könnte möglicherweise zum »Opfer« einer Konditionenspreizung geworden sein, kommen nur wenige.

In der Regel gelingt es uns zwar recht schnell, Manager davon zu überzeugen, dass auch ihre Lieferanten längst nicht jedem Kunden die gleichen Konditionen für ein und dasselbe Produkt einräumen.

Das notwendige Know-how, um mit einer stringenten, erfolgsorientierten Verhandlungsführung tatsächlich die besten Preise zu erzielen, fehlt jedoch vielfach.

Erfolgreiche Einkäufer verhandeln im ›vierdimensionalen Raum‹

Wir hören nicht selten, dass es ein Erfolgsrezept sei, sich besonders aggressiv zu präsentieren. Andere setzen darauf, die Rolle des hektischen Zuhörers anzunehmen, der eigentlich keine Zeit hat, mit dem Verkäufer zu sprechen. Wieder andere lassen ihren Gesprächspartner bei jedem Besuch spüren, für wie uninteressant sie das angebotene Produkt halten. Die Reihe solcher Beispiele ließe sich beliebig verlängern. Solche eindimensionalen Strategien mögen für einen unerfahrenen Vertriebsbeauftragten zunächst bedrohlich klingen. Doch schon nach dem zweiten Besuch bei dem Aggressiven oder dem Hektiker beginnt der Lerneffekt zu wirken. Wer absolut berechenbar ist, kann sich darauf verlassen, dass sein Gesprächspartner ein äquivalentes und zielführendes Reaktionsschema anwenden wird.

Da sich also nur die wenigsten Verkäufer von den Verhaltensmustern der Einkäufer, seien sie auch noch so absonderlich, beeindrucken lassen, müssen moderne Beschaffer eine flexible Gesprächsstrategie anwenden. Die Erfolgsformel heißt »vierdimensionale Gesprächsführung« (siehe Abbildung »Gesprächsstrategie«).

Erste Ebene: Die Atmosphäre des Treffens

Ein gewandter Einkäufer kann während eines Gesprächs jede Atmosphäre kreieren. Er wechselt zum Beispiel, je nach Verhandlungsverlauf, in Sekundenschnelle von Harmonie zu Unnachgiebigkeit, erzeugt ein freundliches »Klima«, wenn er kurz vorher noch Härte zeigte. Die notwendige Gestik, Körperhaltung und Stimmlage, um seine momentane Stimmung zu unterstreichen, setzt er ein, um seine Ziele zu erreichen.

Zweite Ebene: Der Anteil an der Gesprächsführung

Auch hier besteht wiederum die Fähigkeit darin, flexibel zu bleiben und sich nicht ausschließlich auf eine Rolle festzulegen, die der Verkäufer bald durchschaut. Die Strategie, abwechselnd die Gesprächsleitung beziehungsweise die Rolle des weitgehend passiven Zuhörers zu übernehmen, gehört deshalb zu den Erfolgstools erfolgreicher Einkäufer.

Dritte Ebene: Die Art der Gesprächsführung

Eine scheinbar chaotische Gesprächsführung kann dazu beitragen, problematische Situationen zu entspannen oder argumentative Schwächen zu kaschieren: Stand zum Beispiel eben noch die Preisdiskussion im Fokus, folgt völlig unvermittelt die Frage nach den Urlaubsplänen des Verkäufers oder nach dessen Urteil über das letzte Länderspiel der Fußball-Nationalmannschaft. Dieses plötzliche Abweichen von dem eigentlichen Gegenstand des Treffens bringt sogar erfahrene Vertriebsleute bisweilen aus dem Konzept.

Vierte Ebene: Der Analysegrad der Fakten

Wir verlassen, wenn wir im Auftrag unserer Kunden Gespräche führen, traditionelle Wege und wählen einen analytischen Ansatz. Dabei konfrontieren wir den Lieferanten mit Zahlen, die wir aus detaillierten Angebotsvergleichen, der aktuellen Situation auf den Rohstoffmärkten oder der Analyse von Preishistorien, also der Entwicklung der Lieferantenpreise in der Vergangenheit, gewonnen haben. Zusätzlich erläutern wir, welche nachhaltigen Chancen sich der Lieferant erschließen könnte, falls er auf unsere Wünsche eingeht. So wird der Verkäufer zum Beispiel über Expansionspläne oder bevorstehende Produkteinführungen informiert. Solche Argumente, vorausgesetzt, sie werden überzeugend dargestellt, veranlassen nahezu jeden Lieferanten zu Zugeständnissen. Allerdings genügt es nicht, nur den Gesprächspartner für sich zu gewinnen. Er muss Preisreduktionen schließlich gegenüber seinem Vorgesetzten rechtfertigen. Unterstreichen Sie deshalb die Plausibilität ihrer Entwicklungsperspektiven mit aussagefähigen Dokumenten wie Prognosen von renommierten Instituten für Ihre Branche oder der Vorlage von bereits genehmigten Plänen für den Bau eines neuen Produktionsstandorts im In- oder Ausland.

Das Geschick, alle vier Ebenen im Gespräch zu kombinieren und immer wieder unvermittelt zwischen Extremen wie harmonisch/konfliktorientiert, aktiv/passiv oder analytisch/emotional zu wechseln, macht den Einkäufer für seinen Verhandlungspartner unkalkulierbar. Entscheidend ist aber nicht die individuelle Fähigkeit zu einem abrupten Stimmungswechsel, sondern das richtige Agieren innerhalb der vierdimensionalen Gesprächsstrategie. Es genügt nämlich oft schon, sein Gegenüber durch eine leichte Veränderung der Stimmung zu verunsichern, das heißt beispielsweise, die gerade noch freundschaftliche Atmosphäre nur um ein paar Grad abkühlen zu lassen.

Der Erfolg eines Einkaufsgesprächs hängt also in hohem Maße von der differenzierten Verhandlungsführung und der situativen Gestaltung ab. Dem vorbildlichen Einkäufer, der bei seinen Lieferanten regelrecht »gefürchtet« sein dürfte, gelingt es, bei den Terminen physisch präsent zu sein, sich aber in seinem Inneren auf einen »Feldherrnhügel« zurückzuziehen. Von dort analysiert er, quasi als Unbeteiligter, den Gesprächsverlauf und entscheidet sich situativ für eine neue Marschrichtung. Bei seiner Taktik berücksichtigt der routinierte Beschaffer seine Erfahrungen im Umgang mit dem Verkäufer. Weiß er zum Beispiel genau, wie abweisend der Vertriebsbeauftragte des Lieferanten auf hohe Aggressivität reagiert, wird diese extreme Variante aus dem breiten Repertoire einer strategischen Gesprächsführung nicht zum Einsatz kommen. Gleichwohl wird er den Verkäufer leicht distanziert spüren lassen, dass sich das Verhandlungsklima abgekühlt hat.

Ziel der Verhandlung sollte es sein, neben einer Preis- und Leistungsoptimierung auch die eigenen Geschäftsbedingungen sowie Zahlungskonditionen durchzusetzen. Letztlich gilt es doch, einen Gewinn für beide Seiten zu erzielen. Formulieren Sie Ihre Forderungen deshalb so, dass der Lieferant sofort einen speziellen Vorteil (beispielsweise höhere Abnahmemengen) für sein Unternehmen erkennen kann, sobald er auf Ihre Wünsche eingeht.

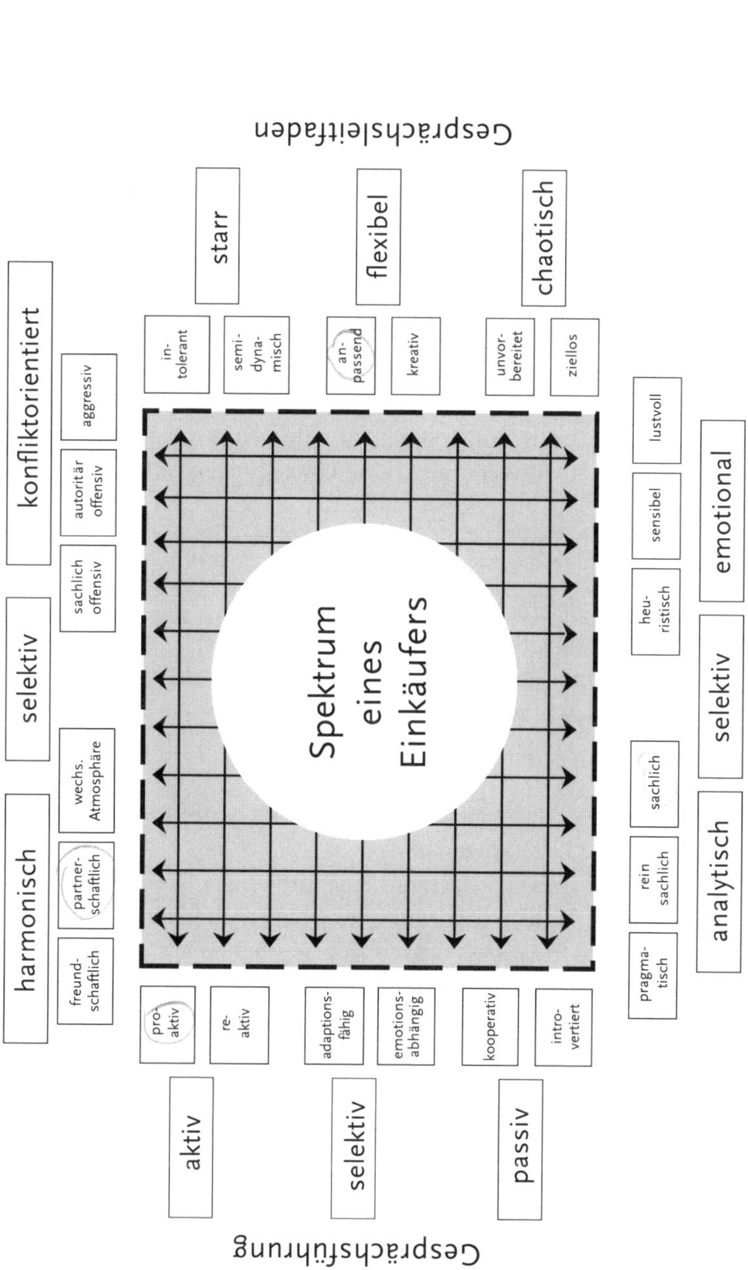

Abb. Gesprächsstrategie

Quelle: Gerd Kerkhoff Consulting GmbH

Betriebswirtschaftliche Argumente optimieren das Verhandlungsergebnis

Ein Einkäufer mit fundiertem betriebswirtschaflichen Wissen kann der Gewinn- und Verlustrechnung, der Bilanz sowie der Kapitalflussrechnung seines Lieferanten wertvolle Hinweise entnehmen. Dazu gehört beispielsweise die Antwort auf die Fragen »Welche Bedeutung besitzen die Umsätze des eigenen Unternehmens für den Lieferanten?«, »Wie viel beträgt der Anteil meines Umsatzes am Gesamtumsatz des Zulieferers?« Aus den Antworten ist ableitbar, wie konsequent der Verkäufer seine Vorstellungen verteidigen wird.

Nützliche Informationsquellen können zum Beispiel

- das Handelsregister
- die Wirtschaftsauskunftei Creditreform oder
- www.handelsblatt.com (hier lassen sich Geschäftsberichte kostenlos downloaden)

sein.

Gegebenenfalls ist auch das Anlegen einer Informationsdatenbank über die Lieferanten sinnvoll.

Für eine sorgfältige Lieferantenbeurteilung sollten Sie alle zur Verfügung stehenden elektronischen Medien und Printmedien nutzen. Diese Informationen lassen sich gegebenenfalls als Argumentationshilfen in den Verhandlungen verwenden. Wer beispielsweise in der Presse im Rahmen eines Beitrags über die Produktionsverlagerung ins Ausland als besonders aktiv präsentiert wird, lässt vermutlich aus Kostengründen außerhalb Deutschlands produzieren. Von seinen geringeren Lohnkosten sollten auch Sie profitieren und deshalb beim nächsten Treffen mit dem Verkäufer neue Perspektiven diskutieren.

Der Einkäufer muss zusätzlich recherchieren, wie der Verkaufspreis bei seinem Lieferanten entsteht. Orientiert er sich zum Beispiel an der Entwicklung der Rohstoffpreise, liegen die Fertigungskosten über denen anderer Zulieferer oder werden auffällig hohe Frachtgebühren berechnet? Auf den Wunsch, die Kalkulation kennen zu lernen, reagieren inzwischen immer weniger Unternehmen negativ.

Ihre Bereitschaft, gemeinsam mit den Kunden Defizite zu beseitigen, steigt.

Um diese Win-Win-Situation zu erreichen, von der Besteller und Lieferant gleichermaßen profitieren, muss der Auftraggeber allerdings den Wertschöpfungsprozess seines Zulieferers kennen und verstehen. Eine ausgiebige Werksbesichtigung trägt zu diesem Verständnis bei. Gleichzeitig können die Einkäufer vor Ort feststellen, welche Wettbewerber beliefert werden und in welchem Zustand sich Produktionshallen, Verwaltungsgebäude und Außenanlagen befinden. Anschließend lassen sich gemeinsam entsprechende Maßnahmen zur Optimierung der Prozesse diskutieren und absprechen. Erzielte Kostenreduzierungen werden untereinander aufgeteilt. Das klingt überzeugend, setzt aber voraus, dass der moderne Beschaffungsmanager seine Lieferanten konsequent strategisch begleitet und den Markt systematisch beobachtet. Die Folgen zukunftsweisender Entscheidungen wie beispielsweise die Verlagerung der Produktion ins Ausland sollte der Einkäufer mit dem Zulieferer diskutieren, um die möglichen Vorteile von Optimierungsmaßnahmen zu realisieren.

Diese aufwändige Beschaffungsmarktforschung ist aus mehreren Gründen essenziell wichtig für den Einkäufer beziehungsweise das Unternehmen. Sie gibt unter anderem Auskunft über:

- vorhandene Lieferanten- und Wettbewerbsverhältnisse
- Umsatz, Beschäftigtenzahl, Maschinenausstattung, Dienstleistungsspektrum/Know-how, Standortbedingungen des Lieferantenbetriebs
- Termin- und Vertragstreue, Kundenservice
- Zahlungsbedingungen, Verhalten bei Reklamationen

Der Beschaffungsmanager sollte Sensibilität und Gespür dafür besitzen, wann die Vertriebsmannschaft des Zulieferers besonders aufgeschlossen auf den Wunsch nach besseren Preisen reagiert. Werden die Verkäufer zum Beispiel an Quartalszielen gemessen, wartet der berechnende Einkäufer wahrscheinlich mit seiner Bestellung bis zur letzten Quartalswoche, um den vorhandenen Umsatzdruck auszunutzen und optimierte Konditionen zu erzielen. Das häufig vorgetragene Argument »Die Rohstoffpreisentwicklung macht es völlig unmöglich, Nachlässe zu gewähren« entkräftet ein erfahrener Einkäufer in solchen Fällen mit einem Ausdruck aus seiner PC-Datenbank, der die tatsächliche Situation auf dem Rohstoffmarkt darstellt. Das sind umfangreiche Anforderungen an einen Berufsstand, der bisher eher als wenig relevant für den Unternehmenserfolg disqualifiziert wurde.

Die richtige Vorbereitung auf das Einkaufsgespräch

Die folgende Checkliste nennt alle Punkte, mit denen Sie sich rechtzeitig vor Beginn der Verhandlungen auseinander setzen müssen. Damit schaffen Sie die breite Basis für einen erfolgreichen Gesprächsverlauf.

- Wie sieht meine Verhandlungsposition aus? Gehöre ich zu den besseren Kunden des Lieferanten? Wurden alle Rechnungen rechtzeitig bezahlt? Kann ich dem Zulieferer eine interessante Perspektive bieten?
- Lässt sich der Lieferant durch einen oder mehrere andere ersetzen? Gibt es Abhängigkeiten aus qualitativer oder lizenzrechtlicher Sicht?
- Handelt es sich bei den bezogenen Waren um einen Käufer- oder einen Verkäufermarkt?
- Wo liegen die Stärken und Schwächen des Lieferanten? Ist er besonders innovativ oder flexibel? Hält er sich an Liefertermine? Wie sieht die Reklamationsquote aus?
- Ist der gewählte Verhandlungszeitpunkt der richtige, oder wäre es besser, einen anderen Termin festzusetzen? Befindet sich der Lieferant gerade in einem wirtschaftlichen Engpass, so dass sogar mit seiner Insolvenz zu rechnen ist? Beeinflusst ein aktuelles weltpolitisches Problem die Situation auf dem Markt?
- Welche Forderungen könnten sich realisieren lassen? Berücksichtigen Sie dabei nicht nur Preis- und Lieferkonditionen. Versuchen Sie zusätzlich, eine Beteiligung der Forschungs- und Entwicklungsabteilung des Lieferanten zu vereinbaren sowie von seinem Marketingbudget zu profitieren.
- Sind interne/externe Benchmarks vorhanden und können diese die eigene Verhandlungsposition wesentlich stärken?

- Welche Forderungen, Angriffe, Beschwerden könnte der Lieferant vorbringen?
- Ist gegen jedes dieser Drohpotenziale ein entsprechend wirkungsvolles Antwortszenario entwickelt worden?
- Ist der Gesprächspartner gleichzeitig Entscheidungsträger oder nur vermittelnd tätig?

Die kritische Analyse der Verhandlung

Die kritische Analyse des Verhandlungsverlaufs hilft, Fehler in Zukunft zu vermeiden. Halten Sie Ihre Einkäufer deshalb dazu an, jedes Gespräch sorgfältig und vor allen Dingen wahrheitsgemäß zu bewerten.

Stellen Sie die folgenden Fragen:

Gesamturteil
In welchen Bereichen wurden die eigenen Zielvorstellungen realisiert/nicht realisiert?

Vorteile für Unternehmen und Lieferanten
Wie weit und in welcher Weise profitiert das Unternehmen von den erzielten Ergebnissen?

In welchen Bereichen konnte der Verkäufer die Argumente nicht entkräften?

In welchen Bereichen konnte der Verkäufer seine Argumente durchsetzen?

Warum konnte der Verkäufer seine Argumente durchsetzen?

Vorteile und Risiken
Welche konkreten Vorteile wurden für das Unternehmen erzielt? Welche Zugeständnisse musste der Einkauf machen (zum Beispiel höherer Produktpreis, dafür aber günstigere Lieferkonditionen)?

Unter welchen Voraussetzungen wird der Lieferant die eingeräumten Preis-/Konditionenzugeständnisse in der Praxis nicht einhalten?

Wie kann der Einkauf in Form einer Gegenmaßnahme proaktiv tätig werden, beziehungsweise wie können die Widerstände eliminiert werden, um Konditionenzugeständnisse trotzdem zu realisieren?

Persönliche Ziele
Wie lassen sich Fehler in Zukunft vermeiden und die Verhandlungsergebnisse optimieren?

Berichtswesen
Wer wird über die Ergebnisse des Gesprächs informiert? Könnte es zielführend sein, diesen Kreis zu erweitern?

Auswertung

Bei einem übermäßig guten Ergebnis liegt es nahe, dass der Einkäufer eventuell unkritisch geantwortet hat. Allein die Auseinandersetzung mit den Fragen sensibilisiert aber selbst Beschaffer zur kritischen Selbstreflektion. Schließlich gibt es immer Dinge, die sich besser machen lassen. Sprechen Sie Ihre Einkäufer deshalb regelmäßig auf die Rückschlüsse an, die sie aus den Verhandlungsanalysen für sich und ihre Arbeit ziehen.

Erfolgswerkzeug: Rahmenvertrag

Vereinfachte beziehungsweise standardisierte Verfahrensabläufe sind ein wichtiger Baustein für die renditeorientierte Einkaufsstrategie. Dazu gehören auch weitgehend einheitlich formulierte Lieferantenverträge. Die normierten Vertragsparameter (zum Beispiel Vertragslaufzeiten, Aufgabenverteilung bei der Abwicklung) erlauben es, strategische Entscheidungen besser vorzubereiten und aufeinander abzustimmen. Im Folgenden sind die wichtigsten Inhalte eines Rahmenvertrags zusammengefasst.

Die wichtigsten Inhalte eines Rahmenvertrags

Allgemeines
- Vertragspartner
- Rechtsstellung der Partner
- Definition der Aufgabenbereiche der Vertragspartner
- Vertragstyp
- Vertragsgegenstand
- Anwendbares Recht

Fristen und Termine (für den Gesamtvertrag und/oder einzelne Vertragsinhalte)
- Vertragslaufzeit
- Vereinbarte Fristen
- Fristen für die Belieferung mit Ersatzteilen

Produktkomponenten und Leistungsumfang
- Abgrenzung der Leistung, Anforderungskatalog
- Beschreibung der Leistungserbringung (Welche Dienstleistung/Werkleistung muss der Lieferant erbringen? Welche Qualität ist gefordert?)
- Definition des Leistungsumfangs
- Quantifizierung der qualitativen Leistungen
- Vereinbarungen über Verpackung und Entsorgung

Lieferung
- Lieferbedingungen

Preise und Konditionen
- Preise, Konditionen und Zahlungsmodalitäten
- Preisgleitklauseln

Bei Bedarf Reglementierung von
- Leistungsabrufen, Abnahmeschwankungen, Bestelländerungen
- Leistungskontrolle, Leistungsänderungen, Leistungsstörungen
- Qualitätssicherungsmaßnahmen, geforderten Zertifikaten
- Ablaufplan, Organisation und ihrer Durchführung

- Auslastungsschwankungen
- Berichtswesen
- Übergabe von Daten, Datenschutz, Vertraulichkeit

Haftung und Geheimhaltung
- Haftung, Gewährleistung, Gewährleistungsumfang
- Klauseln bei Nichterfüllung
- Schadenersatz, Wandlung, Minderung
- Erweiterte Produkthaftung
- Geheimhaltungspflicht, Vertrauensschutz
- Exklusivität, Ausschließlichkeitsvereinbarung, Wettbewerbsausschluss
- Absicherung der wirtschaftlichen und technischen Zuverlässigkeit
- Schutzrechte, Patentschutz, Erfindungen

Regelungen zum Nachkauf
- Nachkaufservices
- Möglichkeiten der Absicherung bei Insolvenz oder finanziellen Problemen des Lieferanten

Absprache über Strafen
- Auflisten der Risikoelemente
- Wettbewerbsrechtliche Regelungen
- Vertragsstrafen, Konventionalstrafen
- Vertragsende
- Vertragsbeendigung, Beendigung von Teilverträgen
- Vertragsauflösung, vorzeitiges Vertragsende
- Konditionen für eine Vertragsverlängerung

Gerichtsstand
- Gerichtsstandsvereinbarung

Sonstiges
- Salvatorische Klausel
- Vertragsabwicklung
- Reaktion auf Marktveränderungen
- Vorgehen in Streitfällen

– Kostenaufteilung bei gemeinsamen Projekten (zum Beispiel Forschung, Marketing, Logistik, Lager)

Erfolgswerkzeug: Internetbasierte Beschaffung

Es ist schon bemerkenswert, welch große Hoffnungen viele Unternehmer in die internetbasierte Beschaffung gesetzt hatten. Jetzt würden endlich Einkauf sowie Beschaffung per Knopfdruck möglich und damit der Weg zu enormen Einsparpotenzialen bei der operativen Beschaffung freigemacht, berichteten Manager voller Stolz. Anbieter und Beratungshäuser sprechen von bis zu 80 Prozent Kosteneinsparungen im Prozessbereich und Potenzialen durch die Einbindung von Lieferanten in das Katalogsystem. Diese Potenziale lassen sich aber in der Praxis nur realisieren, wenn die notwendigen Vorarbeiten erledigt wurden, denn sonst wird ein schlechtes bestehendes System nur elektronisch abgebildet.

Diese dringend notwendige Vorarbeit fehlt jedoch oft. So werden häufig die Prozesse nicht sauber definiert oder nicht richtig aufeinander abgestimmt. Oft ist noch nicht einmal bekannt, ob die Lieferanten das notwendige Equipment besitzen, um sich an einer internetbasierten Beschaffung zu beteiligen. Und wenn es darum geht, das vermeintliche Erfolgswerkzeug richtig zu nutzen, sind oftmals die damit konfrontierten Mitarbeiter völlig überfordert. Ihnen fehlt meist eine geeignete Schulung. Damit entwickelt sich der »virtuelle Einkauf« häufig zum Kostenbeschleuniger, statt, wie gewünscht, die Kosten zu reduzieren.

Einem bekannten Telekommunikationsanbieter drohte ein ähnlicher Flop. Bei seinen Bemühungen, den Einkauf ertragsorientiert zu positionieren, schien die Beschaffung via Internet die Ideallösung. Das passende IT-Unternehmen war rasch gefunden, die Installation des Systems hätte eigentlich beginnen können. Glücklicherweise ließ sich der Einkaufsleiter durch überzeugende Argumente von einem voreiligen Kaufentscheid abhalten. Zunächst wurden die Beschaffungsprozesse analysiert und neu geordnet. Weiterbildungskurse vermittelten den Mitarbeitern das notwendige Knowhow, um die internetbasierte Beschaffung zum einen richtig zu verstehen und zum anderen effizient zu nutzen. Und nicht zuletzt investierte das Unternehmen Zeit und Geld in ein umfassendes Lieferanten-Enabling, das heißt Informationen zur Anbindung der Zulieferer wurden in das Projekt eingebunden.

Ein vorbildliches Verfahren, an dem sich andere Unternehmen unbedingt orientieren sollten. Denn bei den meisten gilt die Beschaffung per Internet immer noch als technisches Werkzeug. Im Einkauf bleibt nach der Installation des Systems meist alles beim Alten. »Ohne die Einbindung in eine Einkaufsstrategie nützt aber selbst die beste Technik nichts«, warnt die internationale Unternehmensberatung Deloitte Touche Consulting. Diesen mahnenden Worten kann ich nur zustimmen. Noch problematischer wird es sogar, wenn das Unternehmen bei der Kalkulation des notwendigen Follow-up-Aufwands zu geringe Beträge ansetzt. Fazit: Im Prinzip ist das Internet ein hoch wirksames Werkzeug für den Einkauf, sofern auch die strategische Beschaffung integriert wird. Längst nicht alle Unternehmen berücksichtigen jedoch diese Voraussetzungen und installieren Systeme, die in erster Linie die Kosten erhöhen, anstatt die gewünschten Erleichterungen zu schaffen.

Das liegt unter anderem auch daran, dass diese Unternehmen nicht von der gesamten Leistungspalette der internetbasierten Beschaffung profitieren. Viel zu viele beschränken sich noch darauf, ausschließlich geringwertige Waren für den täglichen Bedarf elektronisch zu ordern. Dabei gibt es durchaus interessante Wege, auch höherwertige Güter via Internet zu beziehen.

Was heißt eigentlich E-Procurement?

Selbst wenn die Grundidee, Kunden und Lieferanten digital zu verbinden, nicht gerade revolutionär klingt, steckt hinter jedem erfolgreichen E-Procurement-Projekt weit mehr als nur das schlichte Implementieren von Software. Da in der Praxis immer noch erhebliche Informationsdefizite über das breite Leistungspotenzial einer internetbasierten Beschaffung existieren und es bei ihrer Anwendung häufig zu Fehlern kommt, soll die folgende Begriffsabgrenzung die notwendige Klarheit verschaffen.

Schon seit den siebziger Jahren nutzen Unternehmen Software, die eine Verwaltung von Bestellungen und Beständen ermöglicht.

Dabei handelte es sich allerdings um »Insellösungen« für Lagerverwaltung, Finanzbuchhaltung oder Adressdatenbanken. In den frühen neunziger Jahren lösten die ersten Standardsoftwarelösungen diese auf bestimmte Bereiche beschränkten Programme ab. Die Integration von anderen Abteilungen machte den gemeinsamen Zugriff auf Datenbanken möglich.

Etwa ab 1995 sorgten wiederum verbesserte Verfahren dafür, dass auch weltweit agierende Konzerne online miteinander kommunizieren und Informationen austauschen konnten. Die neuen Möglichkeiten des elektronischen Datenaustausches schafften das Fundament für die Ausweitung der Systemlösungen im Rahmen der Supply-Chain. Integrierte, elektronisch unterstützte Versorgungs- und Lieferketten ließen sich zum ersten Mal realisieren.

E-Procurement steht heute als Sammelbegriff für unterschiedliche elektronische Lösungen, die es dem Einkäufer erlauben, seine täglichen operativen Beschaffungsaufgaben optimal zu erfüllen. Vorsicht: Bei allen Vorteilen, die eine elektronische Unterstützung von Beschaffungsprozessen bietet, kann E-Procurement den Einkäufern nur als Werkzeug dienen, um Entscheidungsgrundlagen zu erstellen und konventionell zeitaufwändige Tätigkeiten effizienter auszuführen. Die Funktion eines modernen Beschaffers wird allerdings selbst das ausgefeilteste E-Procurement-System niemals vollständig übernehmen können.

Was E-Procurement leisten kann

Mit Hilfe von E-Procurement können immense Potenziale für das gesamte Unternehmen realisiert werden. Neben einem verbesserten Konditionengefüge lassen sich die Beschaffungsprozesse beschleunigen, dadurch wiederum die Prozesskosten minimieren und vor allem die Supply-Chain optimieren.

Bislang läuft der operative Beschaffungsprozess in den meisten Unternehmen nach diesem zeitaufwändigen Schema ab:

- Bis zur Bestellung werden meistens Papierformulare genutzt und von Hand ausgefüllt.

- Die Genehmigung erfolgt in zweifacher Ausfertigung durch einen Vorgesetzten auf Basis der Beschreibung des Bedarfsträgers.
- Im Einkauf wird in einem Warenwirtschaftssystem die interne Bestellung per Hand aufgenommen und per Fax an einen Lieferanten gesendet.
- Die Wareneingangsbuchung erfolgt – ebenfalls manuell – auf Basis des freigegebenen Lieferscheins.
- Die Rechnung wird durch den Bedarfsträger oder durch den Einkaufschef freigegeben und über Hauspost in die Buchhaltung geleitet.
- Die Rechnung wird nach der Freigabe überwiesen.

Grafisch dargestellt:

Bedarfsentstehung → Bedarfsmeldung → Bedarfsgenehmigung → Bestellung freigeben/senden → Lieferavis → Wareneingangsbuchung → Rechnungsfreigabe → Zahlungsanweisung

Effizient genutztes E-Procurement vereinfacht den operativen Beschaffungsprozess entscheidend und führt zu einer deutlichen Vereinfachung des aufwändigen Prozesses.

So sieht ein exemplarischer internetbasierter Beschaffungsvorgang aus:

- Der Bedarfsträger sucht seinen Bedarf in einem elektronischen Katalog. Dort findet er Spezifikationen, Abbildungen und Preise.
- Die Auswahl, Warenkorb genannt, gelangt über den hinterlegten Workflow im E-Procurement-System an den Vorgesetzten. Dieser prüft die Einzelartikel und die Preise auf Grund seines Budgets. Die Meldung über einen neuen Vorgang erfolgt über den automatischen Versand einer E-Mail an die betreffende Person.
- Nach Freigabe geht die Bedarfsanforderung in den Einkauf. Dort kann ein Mitarbeiter die Bestellung automatisch oder nach Sichtkontrolle ohne weitere Bearbeitung weiterleiten.

- Die Bestellung wird dem Lieferanten elektronisch übermittelt, das Lieferavis (falls gewünscht) auf dem gleichen Weg zum Besteller.
- Die Wareneingangsbuchung erfolgt durch den Bedarfsträger im E-Procurement-System. Bei Übereinstimmung mit der Bestellung wird die Rechnung freigegeben.

Grafische Übersicht:

Bedarfsentstehung → Bedarfsgenehmigung →
per E-Procurement-System

Bestellung freigeben/senden → Lieferavis →
per Back-End (z. B. SAP)

Wareneingangsbuchung → Zahlungsanweisung
per E-Procurement-System per Back-End

Nimmt man die technische und organisatorische Komplexität als Basis, ergibt sich dieses Leistungsspektrum – aufsteigend von »wenig komplex« bis »sehr komplex«:

Erste Stufe:
E-Procurement als System, um eine aussagefähige Information und Kommunikation im Beschaffungsprozess zu gewährleisten.

Zweite Stufe:
Desktop-Purchasing-Systeme, bei denen internetbasierte Kataloge zur Bestellung genutzt werden.

Dritte Stufe:
Elektronische Ausschreibungen (Request For Quotation) und Auktionen zur Einbindung des strategischen Einkaufs.

Vierte Stufe:
Geschlossene und offene Marktplätze. Diese Marktplätze bestehen aus Katalog-Systemen, Ausschreibungsmöglichkeiten und Auktionsplattformen.

Fünfte Stufe:
Die internetbasierte, vernetzte Supply-Chain – »vom Lieferanten des Lieferanten zum Kunden des Kunden«.

Je höher der Komplexitätsgrad, desto mehr wird der strategische Beschaffungsprozess in die internetbasierte Beschaffung einbezogen.

E-Sourcing bietet Lösungen für den strategischen Beschaffungsprozess

Neben E-Procurement, also der internetbasierten Durchführung von operativen Beschaffungsprozessen, bietet E-Sourcing die notwendigen Tools zur Abwicklung der strategischen Prozesse. So lassen sich E-Sourcing-Systeme zum Beispiel zur optimierten Lieferantenauswahl von komplexen Gütern einsetzen.

Strategische Beschaffung auf traditionellem Wege

Bedarfsspezifikation	→	Ausschreibung erstellen	→
Lieferantenrecherche	→	Ausschreibung versenden	→
Ausschreibung auswerten	→	Verhandlungen vorbereiten	→
1. Verhandlungsrunde	→	Verhandlung auswerten	→
2. Verhandlungsrunde	→	Lieferantenauswahl	→
Erstellen eines Rahmenvertrages	→		
Übernahme der Konditionen in das Bestellsystem			

Der Einsatz von modernen E-Sourcing-Systemen macht es möglich, den dargestellten Prozess der strategischen Beschaffung auf traditionellem Weg effizienter zu gestalten. Die in der Abbildung dargestellten Prozessschritte lassen sich so teilweise oder vollständig über E-Sourcing-Tools abbilden oder unterstützen. Damit wird auch die weltweite Lieferantenrecherche über Marktplätze, Internetforen oder Lieferantendatenbanken möglich.

Inzwischen sind eine Reihe von unterschiedlichen Tools erhältlich. Sie unterscheiden sich in:

Request For Information (RFI)

Die Suche nach Alternativlieferanten beschränkt sich heutzutage nicht mehr auf das regionale Umfeld des Unternehmens. Die weltweite Vernetzung macht globales Lieferantensourcing möglich. Diese Möglichkeit, bislang unbekannte Zulieferer zu entdecken und mit ihnen zu kooperieren, stellt Einkäufer jedoch vor bislang unbekannte Probleme. Denn es gilt, die qualitativen Anforderungen sicherzustellen und gleichzeitig zu gewährleisten, dass die Versorgung durch den neuen Lieferanten aus dem Ausland reibungslos abläuft. Die elektronische Anfrage optimiert diese Vorkehrungen. Über dieses Hilfsmittel kann der Einkäufer die genauen Spezifikationen (zum Beispiel Qualitäten und technische Zeichnungen) online möglichen Lieferanten zur Verfügung stellen. Der Einkäufer muss die erforderlichen Unterlagen nur einmal in den verschiedenen Sprachen ausfertigen und braucht sich nicht um deren Versand zu kümmern. Gleichzeitig wird über diesen Weg auch die weltweite Lieferantenrecherche über Marktplätze, Internetforen oder Lieferantendatenbanken möglich.

Request For Quotation (RFQ)

Elektronische Anfragen oder Ausschreibungen werden über eine Plattform in digitaler Form entweder bei den ausgewählten Lieferanten oder als freie Ausschreibung auf einem branchenspezifischen Marktplatz platziert. An dieser öffentlichen Ausschreibung können sich auch bisher nicht bekannte Lieferanten beteiligen. Ein differenzierter Vergleich der eingegangenen Angebote wird möglich. Zusätzlich über die Plattform bereitgestellte Informationen wie detaillierte Spezifikationen und technische Zeichnungen unterstützen den Lieferanten bei der Angebotserstellung und ermöglichen es auch Alternativlieferanten, aussagefähige Angebote abzugeben.

Per RFQ lassen sich digitale Angebote generieren, die in eine vorher definierten Struktur eingetragen werden und automatisiert vergleichbar sind. Moderne Tools ermöglichen bei einem Vergleich auch eine artikel- oder lieferantenabhängige Gewichtung innerhalb des Preisvergleiches.

Weitere positive Effekte: Verhandlungen können, sofern die Anforderungen detailliert besprochen und fixiert wurden, über eine Auktion abgewickelt werden. Bei diesen Versteigerungen genügt nur eine Verhandlungsrunde, während früher mehrere Gespräche notwendig waren. Damit kann die Entscheidung für einen Lieferanten ohne Zeitverzug fallen. Bei der traditionellen strategischen Beschaffung wäre ein entsprechender Beschluss längst nicht so schnell möglich und der Aufwand für beide Seiten erheblich höher.

Internet-Auktion – die effiziente Preisfindung

Online-Auktionen werden in der Regel von Dienstleistern durchgeführt und gehören zu den wirkungsvollsten Tools der internetbasierten Beschaffung. Ziel des Unternehmens muss es allerdings sein, die Versteigerungen, Reverse-Auctions genannt, mittelfristig selbst durchzuführen. Diese »umgekehrten Auktionen« starten mit einer Preisvorgabe, die anschließend von potenziellen Anbietern zu unterbieten ist. Es gibt verschiedene Varianten von Reverse-Auctions.

Dazu gehören:
- Single-Position Auctions; hier wird nur ein Artikel verauktioniert.
- Multi-Position Auctions; mehrere Einzelpositionen werden zu einem Paket zusammengefasst und verauktioniert. Der Zuschlag erfolgt schließlich auf das Gesamtangebot.

Wie transparent die Auktion für die Anbieter ablaufen soll, kann variiert werden. Mehrere Verfahren sind möglich:
- Ranking-Auction; jeder Anbieter sieht nur den Rang, auf dem er sich im Moment befindet.
- Preis-Auktion; jeder sieht den Preis der anonymen Mitbieter.

Bei der Scorecard-Auction erhält jeder Teilnehmer eine interne Bewertung (Präferenzen), die neben dem Preis in das Ergebnis einfließt.

Was Sie unbedingt beachten sollten:
- Viele Funktionen einer Auktionsplattform werden nicht benötigt, müssen aber bezahlt werden. Welche Funktionalitäten nutze ich wirklich?

- Viele Dienstleister verlangen ein hohes Fixum für die Durchführung der Auktion. Erfolgsabhängige Vereinbarungen helfen, die Kosten zu beschränken.
- Nur zirka 30 bis 50 Prozent des Einkaufsvolumens lassen sich sinnvoll über Einkaufsauktionen beschaffen. Dazu gehören zum Beispiel eindeutig spezifizierbare Investitionsgüter.
- Generelle Aussagen zu Einsparpotenzialen sind nicht möglich. Zum einen gestalten sich die Lieferantenmärkte, aus denen die Produkte bezogen werden, sowie die Bedarfsmengen zu unterschiedlich. Zum anderen weichen die qualitativen, technischen und logistischen Anforderungen der Unternehmen zu sehr voneinander ab.
- Der Erfolg einer Auktion hängt entscheidend von der gewissenhaften und professionellen Vorbereitung, also der Lieferantenaufklärung und der Materialspezifikation, ab.

Die Kriterien für eine erfolgreiche Reverse-Auction:
- Exakte Vorgaben: Welches Ziel soll in welchem Bereich erreicht werden?
- Ausführliche Vorbereitung: Ist es notwendig, Alternativlieferanten zu ermitteln und/oder vor der Auktion Qualitätstests durchzuführen? Könnte eine Ausschreibung die Ermittlung eines Startpreises erleichtern?
- Definition des Teilnehmerkreises: Welche Anforderungen müssen die teilnehmenden Lieferanten erfüllen? Darf sich jeder an der Auktion beteiligen, der bestätigt, dass er die Ware in der gewünschten Qualität liefern kann?
- Festlegen der Auktionsdauer: eine möglicherweise erfolgsentscheidende Vorgabe für den Verlauf einer Auktion. So wird zum Beispiel eine Auktionsdauer von einer Stunde mit hoher Wahrscheinlichkeit zur Zurückhaltung der Teilnehmer in den ersten dreißig Minuten führen. Eine halbe Stunde hat sich deshalb in den meisten Fällen als gute Lösung erwiesen. Mit einer Verlängerungsoption bekommen die Lieferanten die Möglichkeit, auf spät eingegangene Angebote zu reagieren.
- Fixieren eines Bonus/Malus: Mit Hilfe einer Scorecard-Auction besteht die Möglichkeit, Lieferanten oder deren Produkte zu gewichten. So kann zum Beispiel ein Bestandslieferant mit

hoher Liefertreue einen Bonus bekommen, der in seinen Angebotspreis eingerechnet wird. Erfordert das Produkt eines Lieferanten hohe Umstellungskosten im Unternehmen des Kunden, ist es möglicherweise sinnvoll, einen etwas höheren Preis eines Bestandslieferanten höher zu bewerten als das vermeintlich günstigere Angebot des Alternativlieferanten.

Bestimmen der Parameter:
- Single-Position Auction oder Multi-Position Auction
- Startpreis (kann festgelegt werden, offen bleiben oder sich am letzten Angebotspreis des Lieferanten orientieren)
- Volumen (zum Beispiel Jahresbedarf oder aktueller Einzelbedarf)
- Gebotsabgabe (sinkender Preis oder steigender Nachlass)
- Bietschritte (abhängig vom Preis; zu kleine Schritte verzögern den Auktionsverlauf, zu große schrecken möglicherweise potenzielle Teilnehmer ab)
- Information der Bieter während der Auktion (Ranking-Auction oder Preis-Auktion)
- Zuschlagsregel (zum Beispiel 100 Prozent des Volumens für den Günstigsten oder 80 : 20 für den Ersten und Zweiten)
- Wichtige Vergabeformalitäten
  Wer bei der Auktion eines Dienstleisters den ersten Platz belegt hat, besitzt damit noch keinen rechtsverbindlichen Auftrag. Kunde und Lieferant müssen den Vertrag auf jeden Fall auf traditionelle Weise abschließen. Allerdings sollten die Bieter rechtzeitig erfahren, ob der Gewinner automatisch den Zuschlag erhält.

Internetbasierte Beschaffung lässt sich auf unterschiedlichen Wegen realisieren

Vielfältige Lösungsmodelle stehen zur Verfügung. Bei den meisten Alternativen können die Nutzer zwischen so genannten Inhouse- beziehungsweise Outhouse-Lösungen wählen. Die Inhouse-Variante, also ein privater Marktplatz, empfiehlt sich in erster Linie für große Unternehmen, die das technische und fachliche Know-how

Aufgaben im Beschaffungsprozess

	Desktop-Purchasing-System (DPS)	elektronischer Marktplatz/ elektronische Ausschreibung	Buy-Side-Lösung (privater Marktplatz plus DPS)	Online-Shop
Strategische Beschaffung (E-Sourcing)				
Lieferantensuche		×	×	
Ausschreibung		×	×	
Verhandlung		×	×	
Operative Bestellabwicklung (E-Procurement)				
Bedarfsmeldung	×		×	
Bestellung	×		×	×
Wareneingangs-buchung	×		×	
Zahlungs-abwicklung	×		×	

Tabelle: Aufgaben im Beschaffungsprozess

intern aufbauen wollen und das System in eigener Regie betreuen können. Mit ihrer Marktmacht und ihrem Einfluss gelingt es ihnen wesentlich leichter als kleineren Firmen, die Lieferanten zur Teilnahme an dem privaten Marktplatz zu bewegen. Mittelständische Unternehmen mit geringeren Bestellvolumina und einer nicht so großen Anzahl von Transaktionen sind deshalb mit einer Outhouse-Lösung, einem öffentlichen Marktplatz, in den meisten Fällen besser bedient.

E-Procurement-Gesamtpakete setzen sich meist aus einzelnen Modulen zusammen, die entweder das gesamte Spektrum der Beschaffung abdecken oder spezielle Lösungen für einzelne Bereiche ermöglichen. Die Tabelle »Aufgaben im Beschaffungsprozess« nennt die jeweiligen Anwendungsfelder.

Beispiele möglicher E-Procurement-Lösungen

Die genannten Angaben zu den organisatorischen Voraussetzungen sind grobe Richtwerte. Je nach Anbieter, Modulvielfalt und strategischem Konzept sind diese Werte auf die geplante Lösung anzupassen.

Desktop-Purchasing-Systeme (DPS)

Die bekannten Katalogbestellsysteme erlauben neben der komfortablen Auswahl von Materialien und Leistungen aus einem elektronischen Katalog, die sich anschließenden Aufgaben des Beschaffungsprozesses abzubilden. Dazu gehören Budgetkontrolle, Freigabe, Bestellübermittlung, Wareneingangs- und Rechnungsbuchung. Vorsicht: Ein DPS sollte immer in ein bestehendes System (zum Beispiel SAP) integriert werden und über Schnittstellen die notwendigen Daten austauschen.

Organisatorische Voraussetzungen:

- Anzahl Bestellungen pro Jahr: ab 2000
- E-Procurement-fähiges Bestellvolumen pro Jahr: ab 500000 Euro
- Materialien beziehungsweise Dienstleistungen müssen sich in einem Katalog verständlich darstellen lassen
- Internetanbindung des Nutzers

Elektronische Marktplätze/elektronische Ausschreibungsplattformen

Marktplätze oder Ausschreibungsplattformen decken in erster Linie die strategischen Sourcing-Prozesse ab. Sie unterstützen durch das Zusammenführen von Katalogen unterschiedlicher Anbieter zunehmend aber auch die Funktionen einer DPS-Lösung.

Organisatorische Voraussetzungen:

- Eindeutige Spezifizierbarkeit der Materialien oder Dienstleistungen für Ausschreibungen und Auktionen
- Internetzugang für Bedarfsträger und Bestellberechtigte
- Bestellvolumen und Anzahl der Bestellungen richten sich nach dem Transaktionsmodell der Anbieter

Online-Shops

Diese Shops gehören zu den so genannten Sell-Side-Lösungen. Hier bieten Lieferanten die Möglichkeit, in ihren virtuellen Geschäften Bestellungen aufzugeben. Der Zugang erfolgt über einen Benutzernamen sowie ein Passwort.

Organisatorische Voraussetzungen:
- geringe Nutzerzahl
- Internetanbindung
- Festlegen auf einen Anbieter und seinen Katalog

Nachteil:
Keine Anbindung an das eigene System

Welcher E-Procurement-Anbieter ist genau der richtige?

Transparenz schafft ein unabhängiger Überblick über Anbieter und ihr Leistungsspektrum. Grundvoraussetzung ist die interne Definition der benötigten Funktionalitäten und Module. Sind diese internen Anforderungen definiert, können auf dieser Grundlage mögliche Anbieter bestimmt und angefragt werden. Diese Anforderungen sollten dann auch als Basis für den Vergleich der Angebote oder auch im Sinne einer Make-or-buy-Entscheidung herangezogen werden. Das »BME-Jahrbuch eProcurement 2002/2003«, herausgegeben vom Bundesverband Materialwirtschaft, Einkauf und Logistik in Zusammenarbeit mit der Gerd Kerkhoff Consulting, bietet einen repräsentativen Überblick über E-Procurement-Anbieter und ihr Leistungsspektrum.

Diese Informationen besitzen besondere Priorität, wenn es darum geht, sich für oder gegen eine IT-Lösung für die Beschaffung zu entscheiden:

Funktionsumfang
- Elektronische Abwicklung von Prozessen
- Management der Kataloginhalte

Systemanbindung
- Anbindung an ein Back-End-System (zum Beispiel SAP)
- Anbindung an Datenbanken
- Anbindung an Third-Party-Systeme (Einkaufsdienstleister)
- Offene Schnittstellen

Leistung und Qualität
- Skalierbarkeit
- Performance

Weitere Auswahlkriterien
- Preis
- Verfügbarkeit
- Dienstleistungsangebot des Anbieters
- Kooperationen der Anbieter
- Zertifizierungen des Anbieters
- Marktbedeutung des Anbieters

Wann macht E-Procurement wirklich Sinn?

Die Einführung einer E-Procurement-Lösung ist immer abteilungsübergreifend zu sehen. Die Implementierung kann beziehungsweise wird durch den Einkauf zwar angestoßen, sollte aber während der Vorbereitung und Realisierung auf Geschäftsführungsebene angesiedelt sein. Dabei ist es wichtig, alle betroffenen Abteilungen mit in den Entscheidungsprozess einzubeziehen. Abgeleitet von der Unternehmensstrategie muss die Einführung einer E-Procurement-Lösung auch zumindest in die IT-Strategie des Unternehmens passen und die notwendigen internen Ressourcen zur Verfügung stellen. Das bedingt die nachhaltige Unterstützung des Konzeptes durch die Geschäftsführung auch hinsichtlich Process Reengineering durch die eindeutige Definition der Ziele, wie beispielsweise die Minimierung von Prozessschritten. Dies hat aber zur Folge, dass nicht mehr jeder bei einer Beschaffungsentscheidung mitreden kann. Im Hinblick auf die zukünftigen internen Benutzer muss sichergestellt werden, dass diese den Sinn und Zweck der neuen Lösung verstehen und die eigenen Vorteile realisieren, um später das System auch aktiv zu nutzen.

Vor dem Einstieg in die internetbasierte Beschaffung sind daher eine Reihe von internen Aufgaben zu erledigen und es ist eine umfassende Analyse durchzuführen. Die Praxis beweist nämlich immer wieder, dass der Erfolg einer E-Procurement-Einführung ganz entscheidend von der Vorbereitung und dem vorgesehenen Einsatzfeld der geplanten Lösung abhängt.

Bei C-Artikeln, also Produkten mit geringer strategischer Bedeutung, sind E-Procurement-Projekte inzwischen bereits den Kinderschuhen entwachsen. Dementsprechend rasch muss sich der Einstieg in die Online-Beschaffung rechnen. Innerhalb eines Jahres sollte das Projekt deshalb erfolgreich installiert sein. Wer größere Einsparungen generieren möchte, kann sich jedoch nicht auf den C-Artikel-Bereich beschränken.

Die richtig verstandene und implementierte internetbasierte Beschaffung unterstützt die Bereiche strategische Beschaffung, operativer Beschaffungsprozess und Supply-Chain wirkungsvoll. So optimiert die elektronische Beschaffung Lieferantensuche, Lieferantenauswahl sowie -bewertung und trägt damit zum Aufbau von strategischen Partnerschaften bei. Hier besteht auch die Möglichkeit, den Lieferantenpool zu kategorisieren und festgelegte Parameter zu bewerten. Vor der Entscheidung für eine derartige Lösung muss jedoch feststehen, ob Lieferanten aktiv in das System eingebunden werden sollen. Sie könnten zum Beispiel den Inhalt für Kataloge bereitstellen oder erhalten die Möglichkeit, sich an elektronischen Auktionen zu beteiligen. Einflussfaktoren auf das Funktionieren eines E-Procurement-Systems ergeben sich damit aus dem Markt und dem Beschaffungsvolumen.

Vor der Einführung von E-Procurement ist es zwingend erforderlich, interne Prozesse und Kennzahlen zu analysieren. Dabei sind die Zahl der Nutzer, die Anzahl der Transaktionen sowie der Artikel, die über die E-Procurement-Lösung bezogen werden sollen, zu berücksichtigen. Außerdem ist entscheidend, den Beschaffungsprozess zu untersuchen und vor dem Start in die E-Procurement-Ära so weit wie möglich zu optimieren. Der operative Prozess und die damit verbundenen Transaktionskosten definieren die Erfolgschancen.

Der dritte Bereich umfasst die Supply-Chain in der Betrachtung der Einzelartikel. Hier entscheiden die Abbildbarkeit der Produkte in einem elektronischen Medium, ihre Standardisierbarkeit sowie das notwendige Logistikkonzept über den Erfolg einer E-Procurement-Lösung.

Demnach lässt sich längst nicht jedes Produkt sinnvoll per Mausklick beschaffen. Die folgende Übersicht hilft Ihnen, jede Warengruppe detailliert auf ihre Eignung zu überprüfen und zu bewerten.

Strategische Beschaffung (E-Sourcing)	Unkritisch						Kritisch
Lieferantenstruktur	☐	☐	☐	☐	☐	☐	☐
Reglementierung über den Markt	☐	☐	☐	☐	☐	☐	☐
Beschaffungsvolumen je Artikel oder Artikelgruppe	☐	☐	☐	☐	☐	☐	☐
Operativer Beschaffungsprozess (E-Procurement)	**Unkritisch**						**Kritisch**
Anzahl Bestellungen	☐	☐	☐	☐	☐	☐	☐
Anzahl Nutzer	☐	☐	☐	☐	☐	☐	☐
Ist-Prozess und seine Veränderbarkeit	☐	☐	☐	☐	☐	☐	☐
Transaktionskostenminimierung	☐	☐	☐	☐	☐	☐	☐
Supply-Chain	**Unkritisch**						**Kritisch**
Katalogfähigkeit der Artikel/Dienstleistungen	☐	☐	☐	☐	☐	☐	☐
Beschaffungslogistik	☐	☐	☐	☐	☐	☐	☐
Sicherstellung der Versorgung	☐	☐	☐	☐	☐	☐	☐

Vorsicht: Schon bei nur einem »kritisch« laufen Sie Gefahr, dass E-Procurement in dieser Warengruppe zum Flop gerät, anstatt die Beschaffung zu optimieren. Ein Beispiel: Eine elektronische Auktion wäre in einem stark reglementierten oder monopolistischen Markt völlig sinnlos.

Es gibt jedoch noch andere Gründe, die E-Procurement in einigen Unternehmen immer noch zu einem ineffizienten Beschaffungstool machen. Dazu gehören:

- Fehleinschätzung der hohen Komplexität des Beschaffungswesens
- Mangelnde Akzeptanz des Systems durch die Mitarbeiter
- Unterschätzte Kosten für den laufenden Betrieb

- Fehlendes Lieferanten-Enabling (Einbinden von Informationen der Lieferanten)
- Nicht vorhandenes oder unzureichendes Content-Management für die Katalogpflege mit den Lieferanten

Welche Potenziale lassen sich durch E-Procurement generieren?

Wer die unternehmensspezifischen Anforderungen an ein internetbasiertes Beschaffungssystem klar definiert und sich für das richtige System entscheidet, kann mit einer E-Procurement-Lösung eine Fülle von Ertragspotenzialen für sein Unternehmen erschließen. Dazu zählen vor allem

- die elektronische Abwicklung von zeitaufwändigen administrativen Tätigkeiten
- die Möglichkeit, Warenkörbe genau zu definieren und darauf ein ertragsförderndes Lieferantenmanagement aufzubauen
- die Chance, E-Sourcing-Lösungen wie Einkaufsauktionen zu nutzen
- die Definition von neuen, kreativen Tätigkeitsprofilen für Einkäufer – weg vom klassischen Bestellabwickler, hin zum strategischen Beschaffer

Von all diesen ertragsrelevanten Vorteilen können Sie aber nur profitieren, wenn Sie im Rahmen der Einführung des neuen Systems bisherige Prozesse und Belieferungskonzepte sorgfältig überdenken und Defizite konsequent beseitigen. Denn wenn die Beschaffungsprozesse bislang schon ineffizient waren, so bleiben sie auch nach ihrer Umwandlung in elektronische Abläufe ineffizient.

Wo liegen die größten Potenziale optimierter Beschaffungsprozesse? Die pauschale Antwort heißt: in einem geringeren Zeitaufwand und reduzierten Kosten. Im Detail geht es jedoch um weniger administrativen Aufwand sowie die Prozessoptimierung mit dem Ziel, einen schlanken, fest definierten Beschaffungsprozess zu implementieren. Zweifellos lassen sich über ein solide installiertes E-Procurement-System erhebliche Ertragssteigerungen erzielen, die über den klassischen Weg einer Umsatzerhöhung niemals zu erreichen wären. Es zahlt sich aber auch aus, darüber hinaus bisherige Belieferungskonzepte und Lieferantenbeziehungen auf den Prüfstand zu stellen. Bei der Einführung von E-Procurement wird zum Beispiel häufig übersehen, dass das Content-Management einen hohen finanziellen und zeitlichen Aufwand erfordert. Das Ziel des Unternehmens sollte es deshalb sein, Katalogerstellung und -pflege den Lieferanten zu überlassen. Damit bleibt nicht nur das Budget im vertretbaren Rahmen. Gleichzeitig werden die Zulieferer schon aus ganz eigennützigen Gründen dafür sorgen, dass ihre Produktpalette im Katalog immer hoch aktuell bleibt.

E-Collaboration: Die Zukunft hat bereits begonnen

Nachdem sich E-Procurement-Nutzer fast ausschließlich darauf beschränken, nur indirekte Güter (wie Büromaterial) via Internet zu ordern und direkte Güter (wie Maschinen) nach wie vor auf klassischem Weg bestellen, bleiben große Potenziale der vorhandenen Informationstechnologie ungenutzt. Denn deutlich mehr als die Hälfte des Einkaufsvolumens wird für die Beschaffung von komplexen, individuell angefertigten Waren aufgewendet. Der Einkauf solcher Produkte erfordert jedoch von der Technologie mehr als die Unterstützung bei der Preisfindung und die anschließende Bestellabwicklung: Bereits lange vor der Bestellung müssen Unternehmen und potenzielle Lieferanten intensiv zusammenarbeiten, Know-how austauschen, Pläne entwickeln und beurteilen sowie Ideen aktiv in die Produktplanung einbringen. In diese Koordinationsprozesse sind – im Unternehmen genau wie bei den Zulieferern – unterschiedliche Abteilungen innerhalb der Supply-Chain involviert. Die Vielzahl der Beteiligten erfordert normalerweise eine aufwändige Kommunikation.

E-Collaboration, die web-basierte Zusammenarbeit zwischen allen an einem Projekt Beteiligten, erlaubt es, die bislang notwendige Anzahl zeitraubender Diskussionen vor Ort, von Telefongesprächen sowie Fax- und E-Mail-Sendungen drastisch zu reduzieren. Der Internet-Browser wird zur wichtigsten Kommunikationsplattform. Damit stehen alle Informationen jederzeit zur Verfügung.

Beim Thema E-Collaboration gilt die Automobilindustrie wieder einmal als Trendsetter. Dort ist es schon seit einiger Zeit völlig selbstverständlich, dass Designer, Lieferanten und Hersteller vor allem in der Prototypenentwicklung gemeinsam an einem Projekt arbeiten und via Internet über Testergebnisse oder aufgetretene Probleme diskutieren. So schafft die spezielle Software zum Beispiel die Voraussetzungen, Zeichnungen auszutauschen und sich parallel per Videokonferenz über die vorliegenden Pläne zu unterhalten.

Wir gehen davon aus, dass sich E-Collaboration-Systeme sehr rasch als nächste Ausbaustufe des bislang weitgehend auf indirekte Güter beschränkten E-Procurements durchsetzen werden. Wer die Vorteile von E-Collaboration (straffe Abstimmungsprozesse, effiziente Lieferantensuche und reduzierte Kosten) für sein Unternehmen nutzen will, verpflichtet sich jedoch zur Transparenz. Ohne den vorbehaltlosen Austausch von Daten, die für ein Projekt unbedingt notwendig sind, kann E-Collaboration nicht funktionieren.

Ein Konzept für die Einführung von E-Procurement

Auf dem Fundament der definierten Anforderungen an eine E-Procurement-Lösung könnte die Projektplanung aus diesen aufeinander folgenden Aufgabenschritten bestehen:

Ist-Analyse

- Prozessanalyse
  Wie sieht das Schema der Beschaffungsprozesse aus? Welche Einschränkungen ergeben sich aus den bestehenden Prozessen?
  Welche Prozessschritte sollten/könnten optimiert werden?
  Welche Prozessschritte erzeugen einen hohen administrativen Aufwand, der sich durch die elektronische Abwicklung vermindern ließe?
- Definition von möglichen Warenkörben
  Welche Artikelgruppen sind grundsätzlich so beschaffen, dass sie elektronisch abgebildet werden können?
  In welchen Intervallen werden diese Artikel bestellt?

Wie häufig ändert sich das benötigte Artikelspektrum, wie sehr variieren die Preise im Markt? (Wie oft müssen aus diesen Gründen die Kataloge aktualisiert werden?)
Gibt es eine Warengruppe, die als Pilotwarengruppe besonders geeignet erscheint?

- Marktanalyse (Lieferantenstruktur)
  Wie hoch ist die Anzahl der Lieferanten? (Wie hoch könnten später die Kosten für deren elektronische Anbindung ausfallen?)
  Kann das Unternehmen im Verlauf der Einführung die Lieferantenanzahl reduzieren?
  Wie können die bestehenden Lieferanten den Einsatz des E-Procurement-Systems unterstützen?

Strategieentscheidung

Welche Lösungsmodelle ergeben sich aus der Ist-Analyse?

Wie kann das Unternehmen das Risiko und die damit verbundenen Kosten für die technische Installation einer E-Procurement-Lösung reduzieren?

Kann das Unternehmen eine schrittweise Einführung durchführen (einzelne Warengruppen und/oder Module) oder ist eine Gesamtlösung sinnvoller?

Sollte eine Inhouse-Lösung angestrebt oder ein externer Dienstleister beauftragt werden?

Welches Lösungsmodell passt insgesamt zur Unternehmensstrategie und der daraus abgeleiteten Einkaufsstrategie?

Erstellen eines Pflichtenheftes und Entscheidung über einen Dienstleister

Welche »Kann«- und »Muss«-Funktionen sollte die E-Procurement-Lösung bieten? (Lassen sich diese Anforderungen auf Grund ihrer Wichtigkeit bewerten, um Angebote von Dienstleistern nach diesen Bewertungen vergleichbar zu machen?)

Wie soll/kann die E-Procurement-Lösung in die bestehende Systemlandschaft integriert werden? (Welche Schnittstellen zu bestehenden Systemen gibt es?)

Welche Anbieter kommen in Betracht?

Welcher Anbieter erfüllt die Anforderungen am besten? (Auswahl des geeignetsten Partners auf Basis einer Ausschreibung mit gewichtetem Angebotsvergleich)

Einführungsphase

Für welche Verantwortungsbereiche sind Anbieter und Kunde während der Einführung (Erstellen der Katalogdaten, Prozessoptimierung, Definition der Nutzer und ihre Rollen im zukünftigen System) zuständig?

Welche Lieferanten und Warenkörbe werden beeinflusst? Dazu sind die Warenkörbe an Bestands- und Alternativlieferanten auszuschreiben. (Verhandeln Sie mit den Zulieferern auch über deren Konditionen und Leistungen im Rahmen der E-Procurement-Einführung).

Welcher Lieferant übernimmt das Content-Management?

Welche Mitarbeiter werden ganz besonders mit dem neuen System konfrontiert und müssen entsprechend geschult werden?

Welche Aufgaben müssen in Zukunft nicht mehr von den Mitarbeitern des Einkaufs erledigt werden?

Die neuen Tätigkeiten sollten sich unbedingt in den Stellenbeschreibungen und der Aufbauorganisation wiederfinden.

Umsetzungsphase

Konsequente Controlling-Maßnahmen zur ständigen Optimierung der Prozesse und Warenkörbe.

Falls sinnvoll: Ausweiten der Funktionen und Warengruppen.

Auswerten von Erfahrungen und möglicherweise Umsetzen von Nutzer-Anforderungen.

Content-Management zum fortlaufenden Anpassen der Warenkörbe.

Erfolgswerkzeug: Detaillierte Ausschreibung

Als einfachstes Tool gilt immer noch ein standardisierter Ausschreibungsprozess. So lässt sich ein verlässliches Fundament für einen aussagefähigen Angebotsvergleich schaffen. Das klingt zunächst wenig innovativ, weil viele Beschaffer davon überzeugt sind, mit ihren erprobten Ausschreibungsformularen bereits die besten Entscheidungsunterlagen zu besitzen. Aus unserer Erfahrung weist jedoch mindestens jede dritte Ausschreibung eindeutige Mängel auf und lässt den Lieferanten über die tatsächlichen Anforderungen weitgehend im Unklaren. Folglich werden die angebotenen Preise deshalb häufig extrem divergieren, weil unterschiedliche Qualitäten, Abmessungen, Fristen, Garantien und Services kalkuliert wurden. Pauschal formulierte Ausschreibungen haben noch einen weiteren Nachteil: Sie liefern allen, die bestimmte Lieferanten bevorzugen wollen, ein hervorragendes Dokument, ihre Vorgesetzten von der angeblichen Preiswürdigkeit einer Offerte zu überzeugen.

Wie Sie erfolgreich Produkte ausschreiben

Je detaillierter Sie eine Ausschreibung formulieren, desto sicherer können Sie sein, wirklich den idealen Lieferanten zu finden, der nicht nur durch günstige Preise, sondern auch durch hervorragende Qualität sowie effiziente Belieferung überzeugt.

Diese Details gehören deshalb in jede Ausschreibung:

1. Lieferantenselbstauskunft
2. Artikelnummer
3. Artikelkurzbezeichnung
4. Planmenge
5. Bedarfszeitraum
6. Technische Zeichnung (falls sinnvoll)
7. Produktabbildung (falls sinnvoll)
8. Artikelmuster (falls sinnvoll)
9. Art der Anlieferung (zum Beispiel just-in-time, nach Bedarf)
10. Anlieferungsort (zum Beispiel Tor xy, Lager xy)
11. Zeitfenster zur Anlieferung (zum Beispiel 10.00 Uhr +/– 30 Minuten)
12. Art der Verpackung bei Anlieferung (zum Beispiel Europalette, Rollwagen)
13. Verpackungseinheit
14. Technische Daten wie Länge, Höhe, Breite, verarbeitete Qualität, zugelassene Toleranzen bei den verwendeten Qualitäten

15. Artikelpreis
16. Zahlungskonditionen (zum Beispiel 30 Tage – abzüglich 3 Prozent Skonto, 40 Tage – netto)
17. Lieferkonditionen (zum Beispiel frei Haus)
18. Boni
19. Vorschlag für einen Rahmenvertrag
20. Schriftliche Bestätigung des Unternehmens, die qualitativen Anforderungen zur Kenntnis genommen zu haben und diese als Grundlage für das Angebot zu betrachten

Wie Sie erfolgreich Dienstleistungen ausschreiben

Ansprüche an Produkte lassen sich in Ausschreibungen exakt definieren. Normen, technische Daten und andere leicht festzulegende Anforderungen erlauben es, klare Produkteigenschaften zu bestimmen. Bei Dienstleistungen gibt es solche einheitlichen Spezifikationen in den meisten Fällen nicht. Häufig sind sogar nicht einmal unternehmensinterne Standards zur eindeutigen Identifizierung von Serviceleistungen vorhanden. Aussagefähige Angebotsvergleiche werden damit unmöglich. Auf Grund der geringen, oft gar nicht vorhandenen Standardisierung lassen sich Dienstleistungen auch nur sehr begrenzt über einen elektronischen Einkauf beschaffen.

Die Publicly Available Specifications (PAS) schaffen jetzt die dringend notwendige Transparenz. Diese »Dienstleistungs-Standards für globale Märkte« entstanden 2002 auf Initiative des Bundesministeriums für Bildung und Forschung in Kooperation mit diversen Partnern aus Forschung und Praxis. Mit den PAS wird die bislang hin und wieder genutzte – wenig aussagefähige – DIN-Norm beim Ausschreiben von Dienstleistungen überflüssig.

Die wichtigsten Inhalte der PAS:

Informationen über das ausschreibende Unternehmen
- Unternehmen
- Straße, Hausnummer
- Postleitzahl

- Ort
- Land
- Abteilung
- Name, Vorname des Ansprechpartners
- Zuständigkeit des Ansprechpartners

Gewünschte Leistungen
- Positionsnummer
- Positionsbezeichnung

Klassifikation der Leistungen
- Positionsnummer
- Art der Dienstleistung
- Unterart der Dienstleistung

Quantitative Anforderungen
- Positionsnummer
- Menge
- Einheit
- Turnus (zum Beispiel wöchentlich, täglich)

Qualitative Anforderungen
- Positionsnummer
- Geforderte Qualität
- Einheit

Erbringungsort
- Positionsnummer
- Unternehmen
- Straße, Hausnummer
- Postleitzahl
- Ort
- Land
- Gebäude
- Raum

Einsatzfaktoren
- Materielle Mittel

Positionsnummer
Materielle Mittel des Auftraggebers
Materielle Mittel des Auftragnehmers
Menge
Einheit
Qualität/Qualifikation

- Dienstleistungen
  Positionsnummer
  Dienstleistungen des Auftraggebers
  Dienstleistungen des Auftragnehmers
  Menge
  Einheit
  Qualität/Qualifikation
- Informationen
  Positionsnummer
  Informationen des Auftraggebers
  Informationen des Auftragnehmers
  Menge
  Einheit
  Qualität/Qualifikation
- Kommunikationsmittel
  Positionsnummer
  Kommunikationsmittel des Auftraggebers
  Kommunikationsmittel des Auftragnehmers
  Menge
  Einheit
  Qualität/Qualifikation
- Personal
  Positionsnummer
  Personal des Auftraggebers
  Personal des Auftragnehmers
  Menge
  Einheit
  Qualität/Qualifikation
- Objekt, in/an dem die Dienstleistung erbracht werden soll
  Positionsnummer
  Typ des Objekts
  Notwendige materielle Mittel

Notwendige immaterielle Mittel
Notwendiges Personal
Objektbezeichnung
Zustand des Objekts

Technische Schnittstellen (zum Beispiel bei Entsorgungsdienstleistungen die Größe der vorhandenen Container)
- Positionsnummer
- Technische Schnittstellen des Auftraggebers
- Technische Schnittstellen des Auftragnehmers

Informations- und Kommunikations(IuK)-Schnittstellen (zum Beispiel SAP)
- Positionsnummer
- IuK-Schnittstelle des Auftraggebers
- IuK-Schnittstelle des Auftragnehmers

Organisatorische Schnittstellen
- Positionsnummer
- Organisatorische Schnittstelle des Auftraggebers
- Organisatorische Schnittstelle des Auftragnehmers

Personelle Schnittstellen
- Positionsnummer
- Personelle Schnittstelle des Auftraggebers
- Personelle Schnittstelle des Auftragnehmers
- Informationen zu den personellen Schnittstellen (Namen, Vornamen, Telefon, E-Mail)

Berichterstattung des Auftragnehmers
- Positionsnummer
- Form der Berichterstattung
- Termin

Zeitlicher Ablauf
- Leistungszeitraum
  Positionsnummer
  Vertragsbeginn

Vertragsende
- Teilziele
  Positionsnummer
  Teilziel
  Datum

Sonstige Vereinbarungen
- Gesetze, Verordnungen, Richtlinien
- Garantie, Gewährleistungen, Haftung
- Grundlage für die Abnahme der Leistung
- Gültigkeitsdauer des Angebots

Vorgabepreis des Auftraggebers
- Positionsnummer
- Vorgabepreis
- Währung
- Einheit
- Berechnungsgrundlage

Angebotspreis des Auftragnehmers
- Positionsnummer
- Angebotspreis
- Währung
- Einheit
- Berechnungsgrundlage

Anforderungen/Präqualifikation
- Technische Leistungsfähigkeit (zum Beispiel Maschinenpark, technische Ausstattung, spezielles Know-how)
- Wirtschaftliche Leistungsfähigkeit (zum Beispiel Umsatzentwicklung, Mitarbeiterzahl, Unternehmenserfahrung)
- Zulassung/Zertifikate (zum Beispiel DIN ISO 9000 ff., ISO 14001)
- Gültigkeitsdauer der Zulassung/Zertifikate
- Innovationsfähigkeit
- Kooperationsfähigkeit
- Standort
- Referenzen/Erfahrungen

Mehr Transparenz beim Angebotsvergleich

Der Preisvergleich sollte keineswegs das einzige Kriterium bei der Entscheidung für oder gegen einen Lieferanten sein. Erst die sorgfältige Analyse der vorliegenden Angebote schafft die notwendige Transparenz, um den geeigneten Lieferanten zu identifizieren.

Mit diesem Formular verschaffen Sie sich die erforderliche Übersicht:

Artikelstammdaten
Artikelbezeichnung:
Qualitätsbeschreibung:
Erforderliche Normen:
Mengeneinheit:
Gesamtmenge:
Preiseinheit:
Ist-Lieferant:

Angebotsdaten

	Ist-Lieferant/ Ist-Konditionen	Anbieter A	Anbieter B	Anbieter C	Anbieter D
Adressdaten:					
Ansprechpartner:					
Anfrage vom:					
Angebot vom:					
Gültig bis:					
Angebotene Leistung					
Leistungsspezifikation nach Art und Umfang:					
Angebotene Varianten:					
Qualitative Varianten (andere Spezifikationen):					
Quantitative Varianten (abweichende Mengeneinheiten):					
Preise					
Angebotspreis pro Einheit:					
Zuschläge:					
Abschläge:					
Boni:					
Rückvergütungen:					
Nettopreis:					

Liefer- und Zahlungsbedingungen
Zahlungskonditionen:
Skonto:
Skontofrist:
Zahlungsziel:
Währungsrisiko:
Lieferfrist:
Transportkosten:
Incoterms:
Verpackungs- und Entsorgungskosten:

Übergeordnete Unternehmensziele
Gegengeschäfte:
Konzernzugehörigkeit:
Werbewert der Marke/des Produkts

Bemerkungen
Gesamtbeurteilung/Rang

Erfolgswerkzeug: Life Auction

Beim Einkauf von technisch anspruchsvollen Produkten, die nur von wenigen Lieferanten angeboten werden (beispielsweise Spezialkartons), setzen wir ein von uns »Life Auction« genanntes Verfahren ein. Über eine detaillierte Ausschreibung ermitteln wir zunächst das Preisniveau. Die ausgewählten Lieferanten erhalten anschließend eine Einladung zur Teilnahme an der Life Auction. Sie findet direkt beim Kunden oder auf »neutralem Boden« statt. Die Teilnehmer nehmen in verschiedenen Räumen Platz und werden ständig von uns über den aktuellen Stand der Versteigerung unterrichtet. Damit entsteht für sie ein Entscheidungsdruck, der sich während einer klassischen Verhandlung keinesfalls erzeugen lässt. Unklarheiten, die – trotz einer detaillierten Ausschreibung – entstehen, lassen sich so umgehend beseitigen und alle Lieferanten auf den neuesten Informationsstand bringen. Schon nach kurzer Zeit, meist innerhalb von dreißig Minuten bis zu maximal zwei Stunden, steht der beste Anbieter fest.

Kapitel 7
Ehrgeizige monetäre Ziele formulieren: Das Fundament für den Erfolg

Sie wissen inzwischen auf Grund der zahlreichen Checklisten, welchen Stellenwert der Einkauf Ihres Unternehmens genießt und welche Ertragspotenziale in Ihrer Beschaffung bislang nicht genutzt wurden. Auf den vorangegangenen Seiten haben Sie außerdem erfahren, wie und mit welchen Tools Sie den Einkauf optimieren und die Einkäufer zu gleichberechtigten Partnern ihrer Kollegen in den Fachabteilungen machen können. Jetzt gilt es, die notwendigen Umstrukturierungsmaßnahmen in die betriebliche Praxis umzusetzen sowie die Beschaffung zu einer der wichtigsten nachhaltigen Ertragsquellen zu machen.

Ihr vorrangiges Ziel wird darin bestehen, Ihr Unternehmensergebnis mit Hilfe des neu strukturierten Einkaufs zu steigern. Allein dieses pauschale Vorhaben, ein besseres Ergebnis zu erzielen, ist aber noch nicht zielführend genug. Monetäre Zielvorgaben, im Fachjargon »targets« genannt, müssen klar nach Inhalt und Zeitrahmen, in dem die Erfolge erreicht werden sollen, definiert und messbar sein. Andernfalls lassen sich weder positive noch negative Abweichungen erkennen noch gegebenenfalls die notwendigen Gegenmaßnahmen einleiten. Für die Bestimmung solcher Vorgaben gibt es leider keine Faustregeln. Es haben sich jedoch einige Parameter herausgebildet, die Sie beachten sollten:

- Ziele müssen ehrgeizig sein. Mitarbeiter sollten sie als Herausforderung verstehen, möglichst noch bessere Werte zu erreichen.
- Ziele müssen realistisch sein. Eine unrealistisch hoch gelegte »Messlatte« führt bei den Betroffenen zu kontraproduktiven Reaktionen. Sie fühlen sich ausgebeutet und überfordert. Generell halten wir auf Grund unserer Erfahrungen eine 10-prozentige Kostenreduzierung im Durchschnitt für möglich.

Im Rahmen der einzelnen Warengruppen differiert dieser genannte Pauschalwert allerdings deutlich. So ist zum Beispiel beim Einkauf von IT-Hardware der Wert fast immer unerreichbar. 2 bis 3 Prozent lassen sich in diesem Bereich bestenfalls reduzieren – Ausnahmen sind natürlich möglich. Handelt es sich aber um Dienstleistungen wie Gebäudereinigung oder andere Aufgaben im Bereich des Facility Managements gelten 15 Prozent nicht als unrealistisches Sparziel. Anhand dieser Beispiele ist zu erkennen, dass die Vorgaben immer individuell auf die jeweiligen Warengruppen abzustimmen sind.

- Ziele müssen an alle Beteiligten kommuniziert werden. Nicht nur das Beschaffungsteam, sondern auch die Lieferanten sind rechtzeitig über die zu erreichenden Vorgaben zu informieren. Fordern Sie deshalb alle Gesprächspartner auf, sich mit innovativen Vorschlägen an der Optimierung Ihres Einkaufs zu beteiligen. Dabei sollten die angesprochenen Ideen entwickeln, wie sich diese Optimicrungspotenziale realisieren lassen. Meine Mitarbeiter und ich präsentieren unsere targets, wenn wir im Auftrag unserer Kunden zu Preisgesprächen einladen, ganz offensiv. Bereits im Einladungsschreiben wird unmissverständlich erwähnt, welches Ergebnis wir in dem Gespräch erreichen wollen. Auf solche klaren Ankündigungen reagieren die Lieferanten fast ausschließlich positiv und stellen sich den Forderungen.
- Ziele dürfen nicht allein vom Einkaufsleiter definiert werden. Er wird das target vielfach nicht so ambitioniert setzen, wie es von einem Mitglied der Geschäftsleitung zu erwarten ist. Am effizientesten lassen sich realistische Vorgaben im Dialog zwischen Unternehmensführung, Einkaufsleiter und den operativen Beschaffern definieren und abstimmen.
- Ziele sollten mit einem Prämienmodell kombiniert werden, um Anreizstrukturen zu schaffen. Denn ehrgeizige Vorgaben zu erreichen verlangt von den Betroffenen überdurchschnittliches Engagement. Die Bereitschaft, mehr zu leisten, wird durch ein Prämienmodell, das sich am Beitrag des jeweiligen Mitarbeiters zum erreichten target orientiert, zusätzlich gefördert. Der Zeitrahmen, in dem erste Erfolge erzielt werden sollen, darf nicht zu eng bemessen werden. Drei Monate halte ich

für angemessen. Denn der traditionelle Einkäufer muss sich immer noch mit einer Vielzahl von administrativen Tätigkeiten beschäftigen, die ihm wenig Raum dafür lassen, sich intensiv um Kosten sparende Maßnahmen zu kümmern.
- Ziele sollten übergreifend als gemeinsames Unternehmensprojekt betrachtet werden. Dies erfordert stringentes Projektmanagement, enge Kommunikation und die Bereitschaft zur Teamarbeit.

Vielfältige Optimierungsziele sind realisierbar

In der Beschaffung können fünf große Bereiche definiert werden, in denen sich gemeinhin Einsparpotenziale realisieren und die Effizienz steigern lassen. Dazu gehören:

Materialkosten

Die Frage, ob ein ganz bestimmtes komplexes Produkt, wie beispielsweise eine Spezialverpackung für eine Schrankwand, nur von einem einzigen, vergleichsweise teuren Zulieferer zu fertigen ist, kann häufig mit einem »nein« beantwortet werden. Intensive Lieferantenrecherchen erschließen in den meisten Fällen interessante Alternativanbieter, die durchaus in der Lage sind, die hohen Qualitätsanforderungen zu deutlich günstigeren Preisen als der Bestandslieferant zu erfüllen. Oft reicht es sogar aus, kritisch zu analysieren, ob tatsächlich in allen Fällen die besonders hochwertigen Materialien erforderlich sind, wie sie oftmals für innerbetriebliche Zwecke eingesetzt werden. Das Ergebnis solcher Untersuchungen überrascht häufig sogar die Geschäftsführung von besonders effizient aufgestellten Großunternehmen.

Prozesskosten

Einheitliche EDV-Systeme (wie ein einziges Warenwirtschaftssystem) und Bestellwege (zum Beispiel ausschließlich per Fax, per Telefon oder E-Mail) sind längst noch nicht in allen Unternehmen selbstverständlich. Die Folge: Ihre Prozesskosten erhöhen sich.

Logistikkosten

Häufig beliefert ein Zulieferer ausschließlich die Zentrale des Unternehmens, die ihrerseits die Waren über Dienstleister oder mit dem eigenen Fuhrpark an die Niederlassungen weiterverteilt. Ein kosten- und zeitaufwändiges Verfahren, das sich häufig auf den Lieferanten verlagern lässt. Allerdings wird dieser dann auch Entgegenkommen von Seiten des Auftraggebers erwarten, beispielsweise die zeitnahe Entladung oder einen längerfristigen Vertrag.

Kapitalbindungskosten

Just-in-time-Lösungen oder drastisches Reduzieren von zu hohen Sicherheitsbeständen im Lager können adäquate Mittel sein, diese Kosten deutlich zu vermindern. Nach unseren Erfahrungen profitieren viel zu wenige Unternehmen von diesen Potenzialen. Überprüfen Sie deshalb, ob Sie nicht mit einem deutlich geringeren Bestand auskommen können. Flexible Lieferanten sind durchaus in der Lage, in Kooperation mit professionellen Dienstleistern Logistikketten zu knüpfen, die eine sichere Materialversorgung gewährleisten.

Lieferantenanzahl reduzieren

Diese Maßnahme allein bringt Ihnen natürlich noch keinen konditionellen Vorteil. Wer allerdings die Lieferantenanzahl mit dem Ziel verringert, starken Zulieferern neue Perspektiven zu geben, befindet sich häufig auf dem richtigen Weg und kann bei Preisverhandlungen überzeugend argumentieren. Außerdem reduzieren sich mit einer geringeren Zahl von Lieferanten auch die Prozesskosten für das Einholen und Auswerten von Angeboten. Gleichzeitig bekommen die Einkäufer endlich Zeit, sich intensiver mit strategischem Beschaffungsmanagement zu beschäftigen.

Im Rahmen unserer Beratungsprojekte erheben wir alle einzelnen Artikel und die entsprechenden Mengen einer Warengruppe und ermitteln daraus für jede Einheit das mögliche Optimierungspotenzial. Dieses Verfahren ist zwar sehr zeitintensiv, weil häufig erst die notwendigen Daten beschafft werden müssen. Der Aufwand bringt dem Kunden aber hohe Transparenz.

Diese Informationen gehen in unsere Warengruppenanalyse ein:
- Materialnummern der Artikel
- Bestellmengen (über einen möglichst langen Zeitraum)
- Preise pro Artikel (über einen möglichst langen Zeitraum)
- Konditionenstruktur der einzelnen Lieferanten
- Bei nicht standardisierten Produkten technische Spezifikationen und Zeichnungen
- Aktuelle Entwicklungen auf dem Beschaffungsmarkt
- Liefer- und Zahlungsbedingungen aller Lieferanten
- Rahmenverträge (falls vorhanden)
- Anzahl der Lieferanten in der Warengruppe

Auch ohne fremde Hilfe können Sie aus diesen Daten bereits weitgehend Klarheit gewinnen, ob Sie in der Vergangenheit für die jeweiligen Artikel einer Warengruppe einen zu hohen oder einen angemessenen beziehungsweise besonders attraktiven Preis verhandelt haben. An dem Ergebnis dieser Untersuchung bemisst sich die Zielvorgabe für ein bevorstehendes Preisgespräch mit den Lieferanten.

Gesteckte Ziele lassen sich häufig auch über unkonventionelle Wege erreichen. Oft sind es gerade Kleinigkeiten, die sich als überproportionale Kostentreiber auswirken. Lassen Sie mich dies an zwei Beispielen verdeutlichen.

Erstes Beispiel: Ein Unternehmen mit Sitz in Berlin bezieht Waren aus dem Ausland per Schiff. Auf dem Seeweg wird die Lieferung zunächst bis nach Rotterdam oder Hamburg transportiert. Dort erfolgt die Verzollung. Schließlich übernimmt ein Lkw die Ladung und bringt sie in die Bundeshauptstadt. Bei der unkonventionellen Lösung hieße der Zielhafen Stettin in Polen. Damit würden die Transportkosten trotz des längeren Seeweges deutlich sinken. An welcher EU-Außengrenze die Verzollung stattfindet, ist gleichgültig.

Zweites Beispiel: Trotz eines modernen SAP-Systems werden Bestellungen häufig zusätzlich per Formular erfasst, ausgedruckt und schließlich an den Lieferanten versandt. Der Zulieferer gibt die gesamten Daten wiederum in sein SAP-System ein. Ein völlig unnötiger Arbeitsaufwand, den eine Vernetzung überflüssig machen würde. Experten installieren solche Direktverbindungen in kurzer Zeit und ersparen damit den Kosten- und Zeitaufwand für die völlig unnötige Doppelarbeit.

Zielvorgaben bei Produkten mit hohem Rohstoffanteil

Monetäre Zielvorgaben für Waren zu definieren, die in einem hohen Maße aus Materialien mit stark volatilen Preisen bestehen, erscheint zunächst fast unmöglich. Entsprechende Gleitklauseln in Rahmenverträgen erlauben es allerdings, eindeutige Vorgaben zu fixieren, von einem möglichen Preisverfall des Rohstoffes zu profitieren und Preisanstiege nur dosiert in Kauf nehmen zu müssen.

So könnte die Gleitklausel für ein Produkt, das zu 50 Prozent aus einem Produkt mit extrem schwankenden Preisen besteht, lauten:

»Bis zu einem Preisanstieg beziehungsweise -rückgang von 5 Prozent bleibt der vereinbarte Preis auf konstantem Niveau. Bei einer stärkeren Schwankung teilen sich Käufer und Lieferant das zu erreichende Delta der Veränderung.« Ein Preisrückgang von beispielsweise 6 Prozent würde demnach dazu führen, dass Unternehmen und Zulieferer einen zusätzlichen Ertrag von jeweils 3 Prozent des Rohstoffpreises erzielten. Der Anstieg auf 6 Prozent hätte für den Auftraggeber entsprechend eine 3-prozentige Preiserhöhung zur Folge.

Wer in seinen Rahmenvertrag eine vergleichbare Gleitklausel aufnimmt, muss sich selbstverständlich ständig via Internet über die aktuellen Entwicklungen auf den Rohstoffmärkten informieren.

Kapitel 8
Der Einkauf von morgen: Wichtigster Renditelieferant für die Unternehmen

Eigentlich gehöre ich zu den positiv denkenden Menschen. Geht es jedoch darum, die Entwicklung der deutschen Wirtschaft in den nächsten Jahren einzuschätzen, verlässt mich diese Einstellung. Ich bin fest davon überzeugt, dass Deutschland zumindest mittelfristig mit einem Wachstum zwischen 0 und 2 Prozent leben muss. Gegenüber dem Durchschnitt der EU errechnet sich zwischen 1995 und 2002 eine Wachstumseinbuße von zirka 6 Prozent. Der Anteil an den weltweiten Exporten, der Anfang der neunziger Jahre bei über 10 Prozent gelegen hatte, beträgt nur noch etwa 8 Prozent. In erster Linie sind dafür ein extrem starker Anstieg der Löhne und lohnbezogenen Abgaben verantwortlich, die die Schaffung neuer Arbeitsplätze durch Investitionen behindern.

Mit der Ankündigung des Euro begannen darüber hinaus die Zinsunterschiede zu schwinden – wie auch der Wettbewerbsvorteil der deutschen Industrie in Form niedrigerer Zinsen. Gleichzeitig stärkte dieser Effekt die Wachstumskräfte in anderen Ländern. Um das Wachstum wieder zu beschleunigen, müssen die Marktkräfte insbesondere auf dem Arbeitsmarkt aktiviert werden, zumal die Globalisierung zu einer hohen Transparenz geführt hat, die Wettbewerbsvorteile sofort offenbart.

Auch wenn die Deutsche Bank in ihrer im August 2002 vorgelegten Studie »Standortwahl in der vernetzten Welt« attestiert, dass wegen der »komplexen arbeitsteiligen Prozesse für wissensintensive High-Tech-Unternehmen« eine Konzentration in den Wirtschaftszentren der hoch entwickelten Regionen zu erwarten sei, ist das keineswegs eine Entwarnung. Deutsche Unternehmen werden bei unveränderten Rahmenbedingungen – wenn sie nicht massiv Wertschöpfung in das Ausland verlagern – weiter unter erheblichem Ertragsdruck stehen. Aber auch die Verlegung eines Standorts ist mit erheblichen Risiken verbunden und belastet die Liquidität. Bei zunehmendem Wettbewerbsdruck werden deshalb die ad-hoc beeinflussbaren Faktoren an Bedeutung gewinnen: Die Beschaffung wird zukünftig in den Unternehmen einen wesentlich höheren Stellenwert erhalten müssen – ebenso hoch wie Forschung und Entwicklung, Produktion, Vertrieb, Marketing und Logistik.

Wie überzeugend sich die Beschaffungsoptimierung auf den Gewinnanstieg in einem Unternehmen auswirken kann, zeigt das folgende Beispiel:

Umsatz Mio. €	Materialeinsatz Mio. €	Umsatzrendite %	**Einkaufsoptimierung %**	Ersparnis Mio. €	Gewinnanstieg %
100	50	4	**2**	1	25
100	50	4	**3**	1,5	37,5
100	50	4	**4**	2	50
100	50	4	**5**	2,5	62,5
100	50	4	**6**	3	75
100	50	4	**7**	3,5	87,5
100	50	4	**8**	4	100

Fazit: Das Beispielunternehmen realisiert bereits bei 8-prozentiger Einkaufsoptimierung einen Gewinnanstieg von 100 Prozent. Und damit würden die Potenziale der meisten Unternehmen noch längst nicht ausgeschöpft. Reduzierungen von 10 Prozent und mehr sind nach unseren Praxiserfahrungen realistisch zu erzielen. Dies hieße für das Rechenbeispiel, der Gewinn würde um mindestens 125 Prozent ansteigen. Dagegen würde eine extrem aufwändige Marketingoffensive direkt zu einer Liquiditäts- und Ergebnisbelastung führen und zeitverzögert bei Erfolg zu einem Umsatzanstieg. Um aus den zusätzlichen Erlösen einen vergleichbaren Effekt (Gewinnanstieg: + 125 Prozent) zu erwirtschaften, müsste der Umsatz zumindest um 50 Prozent erhöht werden.

Der professionelle Einkäufer wird zum Supplier-Relationship-Manager (SRM)

Moderne Unternehmen setzen ihre Beschaffungsabteilung schon heute nicht mehr ausschließlich zur Preisgestaltung ein. Einkaufs- und Entwicklungsabteilung sowie Vertrieb arbeiten in diesen Unternehmen eng zusammen. Bevor ein neues Produkt auf den Markt gelangt, gilt es für die beiden Fachabteilungen, die später erfolgsentscheidenden kostenkonzeptionellen Grundsatzentscheidungen gemeinsam zu treffen. In enger Kooperation legen Beschaffung und Technik fest, welche auf dem Markt vorhandenen Materialien die definierten Qualitätsansprüche erfüllen und gleichzeitig auch noch preislich attraktiv sind. Die notwendigen weltweiten Recherchen mit Hilfe von internetbasierten Sourcingmethoden sind Aufgabe eines vorbildlich aufgestellten Einkaufs.

Profunde Marktkenntnis, technisches Verständnis, das frühzeitige Aufspüren von neuen Trends sowie der intensive Know-how-Austausch zwischen Einkauf, Forschung und Entwicklung, Produktion, Vertrieb, Montage und Service sowie dem weltweiten Lieferantennetzwerk sind die Voraussetzungen, um die Anforderungen an eine moderne Beschaffungsabteilung zu erfüllen. Diese enge Kooperation darf sich aber nicht länger darauf beschränken, die Qualität der Zulieferer ausschließlich an den Parametern Liefertreue und Preiswürdigkeit zu messen. Der Supplier-Relationship-Manager, also der Einkäufer der Zukunft, der schon heute in einigen Unternehmen Dienst tut, muss sich nicht nur um die guten Beziehungen zu Bestandslieferanten kümmern, sondern konsequent nach Alternativanbietern recherchieren. Er hat die Aufgabe, die Lieferanten immer wieder mit neuen Anforderungen zu konfrontieren und zu Entwicklungspartnern seines Unternehmens zu machen. Dies erfordert natürlich Überzeugungskraft und – falls notwendig – druckvolles Verhandeln. Er muss die Zulieferer auch davon überzeugen, dass es für sie sinnvoll ist, ihre Produkte, Materialien und Produktionsprozesse konsequent auf unternehmenseigene Kostensenkungspotenziale zu überprüfen. Die Automobilindustrie hat bereits vorgemacht, dass diese Auflagen durchaus zu einer Win-Win-Situation für Lieferanten und ihre Auftraggeber führen.

Ein Supplier-Relationship-Manager setzt seinen Zulieferern klare Ziele, welche Vorgaben in nächster Zeit zu erfüllen sind. Dabei kämpft der Einkäufer von morgen nicht um Einzelpreise. Er wird sogar so weit gehen und sich mit den Produktionsstätten der Lieferanten auseinandersetzen, um dort die Fertigungskosten zu ermitteln. Daraus formuliert der moderne Beschaffer seine Forderungen, beispielsweise die um einen bestimmten Prozentsatz erhöhte Ausbringung. Grundlegende Änderungswünsche, die sich nicht innerhalb weniger Monate realisieren lassen, werden in Teilschritte aufgeteilt. Zwischenziele nehmen den Auftragnehmer dann in die Pflicht, zeitnah und konsequent an dem Projekt zu arbeiten. Das hört sich nach einer knallharten Gangart gegenüber den Zulieferern an, die quasi zu »Befehlsempfängern« ihrer Auftraggeber werden. Eine falsche Einschätzung. Letztlich profitieren die Lieferanten mindestens ebenso viel wie ihre Kunden. Außerdem räumt ein moderner Einkäufer seinen Zulieferern auch Mitspracherechte bei der Produktentwicklung ein. So kommt es durchaus vor, dass ein Unternehmen ein nahezu serienreifes Produkt noch einmal verändert, weil innovative Entwicklungen aus dem Kreis der Lieferanten eine noch preisgünstigere Herstellung bei gleichbleibender Qualität möglich machen.

Der Einkäufer der Zukunft übernimmt die Aufgaben eines Kostenmanagers

Mit dem Wandel zum Supplier-Relationship-Manager übernimmt der Einkäufer auch die Rolle des Kostenmanagers. Total Cost of Ownership ist heute in besonders fortschrittlichen Unternehmen der Ansatzpunkt, statt sich, wie in der Vergangenheit, ausschließlich an dem günstigsten Stückpreis zu orientieren. Als Trendsetter erweisen sich hier wiederum die Großen der Automobilkonzerne. Sie betrachten die Produktkosten während des gesamten Produktlebenszyklus und optimieren die Lieferantenkette während des gesamten Wertschöpfungsprozesses. Kern dieses Verfahrens ist es, in enger Zusammenarbeit von Forschung und Entwicklung, Einkauf, Produktion, Vertrieb und Logistik, die wichtigsten Kostentreiber zu identifizieren. Defizite werden gemeinsam mit den betroffenen Zulieferern analysiert und minimiert. Damit profitieren wiederum Auftraggeber und Auftragnehmer gleichermaßen. So sind Unternehmen häufig bereit, für Produkte, die durch enge Abstimmungsprozesse niedrigere Reklamationskosten verursachen, einen höheren Stückpreis zu bezahlen. Ähnliches gilt auch für verbesserte Anlieferungszyklen, die eine Reduzierung der Lagerkosten bewirken.

Total Cost of Ownership setzt also bereits bei den ersten Überlegungen für die Entwicklung eines innovativen Produkts an und endet erst mit seinem umweltfreundlichen Recycling. In der Praxis erhöhen allein Nachfolgekosten für Wartung, Reklamationen, Reparaturen, Lagerung und dergleichen den Stückpreis um ein Mehrfaches. Kosten für die Bestellabwicklung und die Wareneingangskontrolle tun ein Übriges, damit der tatsächliche Preis für ein Produkt den Stückpreis durchaus um mehr als das Zehnfache übersteigt. Der Einkaufsmanager der Zukunft muss deshalb in seiner Funktion als Kostenmanager diese Faktoren bei der Materialauswahl mit berücksichtigen und ständig im Markt neue hochwertige Materialalternativen mit reduzierten Begleitkosten identifizieren.

Die Rolle der Beschaffungsoptimierung im Rahmen von Basel II

Ab 2006 sind die Kreditinstitute verpflichtet, ihre Kreditnehmer regelmäßig einem qualitativen und quantitativen Rating zu unterziehen. Fällt diese Prüfung negativ aus, sind die Kreditgeber gezwungen, für den in Anspruch genommenen Kreditrahmen die Kosten zu erhöhen. Denn die Bank geht in diesem Fall von einem höheren Kreditausfallrisiko aus. Gerade mittelständische Unternehmen werden diese Verschärfungen zu spüren bekommen, denn nach einer Analyse der Wirtschaftsauskunftei Creditrefrom vom Herbst 2002 verfügen 41,2 Prozent der Mittelständler über nicht mehr als 10 Prozent Eigenkapital. Das sind 1,6 Prozent mehr mittelständische Unternehmen als im Vorjahr. Gleichzeitig wurde mit diesem anhaltenden Trend eine gefährliche Grenze überschritten: Nach der Interpretation von Creditreform sind Unternehmen mit einer Eigenkapitalquote von weniger als 10 Prozent unterkapitalisiert, also akut gefährdet.

Derart dünne Eigenkapitalquoten machen zum einen eine Fremdfinanzierung überlebenswichtig. Gleichzeitig wirkt sich die schmale Eigenkapitalausstattung zum anderen aber auch negativ auf das zu erwartende Ratingergebnis aus und führt zu verteuerten Krediten. Bislang beschränkten sich Kreditinstitute bei der Kreditvergabe weitgehend auf eine vergangenheitsbezogene Bonitätsprüfung. Sie analysierten also finanzwirtschaftliche Kennzahlen, zum Beispiel aus Bilanz und Gewinn- und Verlustrechnung, sowie deren Entwicklung in den zurückliegenden Jahren. Ein Rating gemäß der Richtlinien nach Basel II bezieht auch die zukunftsorientierte Betrachtung des Unternehmens ein. Es prognostiziert die Wahrscheinlichkeit, mit der ein Kreditnehmer in Zukunft seinen Zahlungsverpflichtungen nachkommen wird. Wichtigste Kriterien sind:

- Fähigkeit, Erträge zu erwirtschaften, um Kredite zurückzahlen zu können
- Kapitalstruktur
- Qualität der Einkünfte
- Verfügbarkeit von Informationen
- Grad der Fremdfinanzierung
- finanzielle Flexibilität
- Stärke und Qualifikation des Managements
- Position des Unternehmens innerhalb seines Wettbewerbs sowie die Zukunftsaussichten
- Risikocharakteristik des Landes, in dem das Unternehmen seine Geschäfte betreibt

Geht es darum, die Effizienz des Einkaufs zu beurteilen, wollen Banken sich überzeugen, ob es Abhängigkeiten von wenigen Lieferanten gibt und wie es um deren betriebswirtschaftliche Situation bestellt ist. Überzeugende Aussagen verbessern die Ergebnisse eines solchen umfangreichen Ratings und dementsprechend die Chancen auf angemessene Konditionen im Rahmen von Kreditfinanzierungen.

Wer beim Rating »schlecht abschneidet«, muss vielfach sogar damit rechnen, dass die Institute ihm die weitere finanzielle Unterstützung verweigern werden. Wer glaubt, sich noch Zeit lassen zu können, bevor er damit beginnt, sein Unternehmen auf den schonungslosen Check vorzubereiten, liegt falsch. Viele Kreditinstitute handeln jetzt schon nach den maßgebenden Richtlinien von Basel II.

Eine professionell durchgeführte Beschaffungsoptimierung erhöht die Wahrscheinlichkeit eines guten Ratingergebnisses. Denn jeder Prozentpunkt Einsparung im Einkauf wirkt sich unmittelbar positiv auf das Betriebsergebnis aus und erhöht damit die Eigenkapitalquote. Daraus ergeben sich nicht nur bessere Ratingresultate, auch Wachstum aus eigener Kraft wird häufig wieder möglich. Wie rasch sich solche Erfolge einstellen, haben wir in diesem Buch detailliert dargestellt. Wie wichtig es für Mittelständler ist, den Einkauf nicht länger als Kostenfaktor, sondern als wichtigen Ertragsgenerator zu betrachten, formuliert Thomas Belting, Generalbevollmächtigter des Bankhauses Lampe in Düsseldorf: »Im Rahmen von Basel II müssen sich die Unternehmen jetzt mit den Entwicklungen in allen Bereichen ihrer Häuser auseinandersetzen. Dazu gehört auch der Einkauf. Früher gab es immer noch die Chance, Defizite durch eine gute Performance in anderen Gebieten auszugleichen. Diese Zeiten sind durch die umfassenden Ratings vorbei.«

Dr. Jörg E. Wilhelm, Leiter Einkauf und Logistik bei debitel, wünscht sich, dass »der uralte kaufmännische Grundsatz ›Im Einkauf liegt der erste Gewinn‹ zum Ausgangspunkt der Überlegungen beziehungsweise der Stellung des Einkaufs wird«. Seiner Überzeugung nach erfordert Wachstum in gesättigten Märkten erst recht hohe Anstrengungen im Hinblick auf die Verbesserung der Beschaffungsprozesse und des Lieferantenmanagements. Damit wird die Bündelung von Einkaufsvolumina, Preis-, Qualitäts-, Lieferzeit-, Liefertreue- und Bevorratungsoptimierung zum erfolgsentscheidenden Thema. Fach- und sachgerechte Make-or-buy-Entscheidungen, Lieferantenkonzentration sowie Aufbau und Pflege von partnerschaftlichen Lieferantenbeziehungen hält der debitel-Einkaufsleiter ebenfalls für wichtige Voraussetzungen, »dass sich jeder Partner auf seine Kernkompetenzen konzentrieren kann.«

Auch über die zielführende Positionierung des Einkaufs im Unternehmen hat Dr. Wilhelm klare Vorstellungen: »Je höher der Anteil des Einkaufsvolumens am Gesamtumsatz des Unternehmens ist, desto evidenter wird der Beitrag, den ein entsprechend positionierter Einkauf am Gesamtergebnis zu leisten in der Lage ist. Die Stellung des Einkaufs muss damit weniger von der Art des Unternehmens (Produktion, Handel, Dienstleistung) als vielmehr von der Möglichkeit bestimmt sein, welchen Ergebnisbeitrag die Abteilung leisten kann.«

Geht es darum, den »Beschaffer von morgen« zu beschreiben, nennt der debitel-Manager zunächst den Sachbearbeiter, »der auch in Zukunft exzellente Markt- und Produktkenntnisse haben und hinreichend in Verhandlungsführung sowie in kaufmännischen und rechtlichen Fragen geschult sein sollte.« Von Einkäufern, die in Führungs- oder Leitungspositionen wachsen wollen, verlangt der Manager profunde Kenntnis der Beschaffungsprozesse und deren Gestaltung. Der ideale Einkaufsleiter sollte »in erster Linie generalistische Kompetenz im Sinne von unternehmerischem Denken und Handeln, ein tiefes Verständnis für wirtschaftliche Zusammenhänge und die Beschaffungsmärkte im Besonderen besitzen.« Verständnis für das Geschäftsmodell des Unternehmens hält der Stuttgarter Einkaufsleiter ebenfalls für einen wesentlichen Erfolgsfaktor. Erhält der Beschaffungschef dann innerhalb der Unternehmensleitung einen Stellenwert, der dem der anderen Ressortverantwortlichen entspricht, wird er »in der Lage sein, aus eigener Kraft und im partnerschaftlichen Zusammenwirken mit den übrigen Abteilungsleitern seinen optimalen Ergebnisbeitrag zu leisten.«

Gerade mittelständische Unternehmen sind nach Meinung von Alf Kass gefordert, sich verstärkt mit der Beschaffung zu beschäftigen. Der Leiter Zentrale Firmenkunden bei der Stadtsparkasse Düsseldorf bemerkt immer wieder, wie intensiv sich Betriebe mittelständischer Größenordnung um das Travel Management, also den Bereich Flug, Mietwagen und Hotelbuchung, kümmern. »Geht es jedoch um den gesamten Einkauf, gehen sie längst nicht so kostenbewusst vor, weil man glaubt, auf diesem Gebiet hervorragend aufgestellt zu sein.« Diese Einstellung spiegelt sich in der Rohertragsquote der Unternehmen wider. Kass: »Wir lassen es uns natürlich erläutern, warum sich die Quote verändert hat. Damit geht die Performance des Einkaufs zumindest indirekt in unsere Unternehmensbewertung ein.«

Udo Belz, Leiter der Niederlassung Hessen, Rheinland-Pfalz und Saarland der IKB Deutsche Industriebank AG in Frankfurt am Main, fordert nachdrücklich: »Die Sensibilität der Unternehmen für den Einkauf muss steigen. In der Regel wird auf diesen Bereich erst als

Letztes geschaut, wenn es darum geht, Einsparmöglichkeiten zu generieren.« Das fehlende Bewusstsein, welche Potenziale sich über eine effiziente Beschaffung erschließen lassen, ist für den IKB-Manager der Grund, warum »der Personalkostenfaktor immer noch bei der Neustrukturierung ganz oben auf der Agenda steht.«

Gerade für den Mittelstand, der sich mit rund 3,3 Millionen kleinen und mittleren Betrieben gegenüber zirka 7000 Großunternehmen behaupten muss, ist es also höchste Zeit, die Beschaffungsoptimierung zum Kernthema zu erklären. Denn Beschaffung bindet schließlich Kapital. »Entsprechend wertmindernd wirkt sich ein suboptimales Beschaffungssystem auf das Unternehmen in seiner Gesamtheit aus«, mahnt Harald Junke, Direktor und Leiter Corporate Finance bei der renommierten Privatbank Delbrück & Co. in Frankfurt am Main. Für Junke gilt aber auch das Gegenteil: »Eine optimierte Beschaffung führt zu einer minimierten Kapitalbindung, die wiederum einen Wertsteigerungseffekt auslöst.«

Das Fazit:

Einkauf ist »Chefsache.« Die damit verbundenen Potenziale sind immens. Ich bin überzeugt, dass mein Appell, den Einkauf konsequent in seiner Entwicklung voranzutreiben, in immer mehr Unternehmen Gehör finden wird. Denn alle Unternehmen folgen dem Prinzip der Gewinnmaximierung. Und die Beschaffungsoptimierung wird dazu einen maßgeblichen Beitrag leisten.

Glossar

ABC-Analyse

Häufig verwandtes Mittel, um das Verhältnis von Aufwand und Ertrag aufzuzeigen. In der Materialwirtschaft steht A für Güter mit hohem Wert, aber einem geringen Mengenanteil, B für Güter mit einem mittleren Wert und einem mittleren Mengenanteil, C für Güter mit geringem Wert, die aber einen hohen Mengenanteil ausmachen. In der Regel entfällt in den Unternehmen ein Anteil von zirka 20 Prozent auf A-Teile, rund 10 Prozent auf B-Teile sowie etwa 70 Prozent auf C-Teile. Mit der ABC-Analyse lassen sich unter anderem die Bereiche identifizieren, die sich betriebswirtschaftlich nur peripher auswirken.

Advanced Purchasing

Einbindung des Einkaufs beziehungsweise des Lieferanten in die Frühphasen des Produktionsentwicklungsprozesses.

Bezugskostenquote

Relation der Bezugskosten zum Waren- oder Produktwert.

Collaborative Engineering

Die frühzeitige Einbindung geeigneter Lieferanten in die Produktentwicklung. Ziel ist es, Neuentwicklungen nicht nur auf interne Ressourcen zu beschränken, sondern frühzeitig auf externes Know-how zurückzugreifen.

Collective Sourcing

Gemeinschaftliche, organisierte und abgestimmte Beschaffung. Insbesondere Klein- und Mittelbetriebe können durch Einkaufskooperationen nachhaltige Kosten- und Effizienzvorteile erringen.

Competitive Bidding

Ein wettbewerbsorientiertes Auswahlverfahren. Es dient dazu, einen transparenten Beschaffungsmarkt zu schaffen. Mehrere Unternehmen geben zu einem Beschaffungsobjekt Angebote ab. Durch Einschalten eines weiteren Lieferanten lassen sich die Einstandspreise möglicherweise senken.

Contract Buying

Abschluss von ein- oder mehrjährigen Lieferverträgen für definierte Produkte.

Demand tailored sourcing

Bedarfsabstimmung zwischen Lieferant und Abnehmer.

Design to cost

Das Entwerfen und Konstruieren nach Kostengesichtspunkten. Damit werden die Kosten neben technischen Leistungen und Terminen zu einem wichtigen Entwurfsparameter.

Direct Supplier Development

Direkte Einflussnahme des Abnehmers auf den Lieferanten zur Steigerung von dessen Leistungsfähigkeit. Dazu stellt der Abnehmer Kapital, Technologie oder Personal zur Verfügung.

Domestic Sourcing

Zulieferunternehmen befinden sich im Inland.

Einkaufskooperationen

Gemeinsamer Einkauf von zwei oder mehreren Unternehmen.

Einzelbeschaffung

Beschaffung im Bedarfsfall; meist fertigungssynchrone Anlieferung.

External Sourcing

Eindeutige räumliche Trennung zwischen Lieferant und Abnehmer.

Global Sourcing
Systematische, weltmarktorientierte, grenzüberschreitende Beschaffungsmaßnahme.

Gutschriftverfahren
Lieferant stellt keine Rechnung aus, sondern erhält vom Abnehmer eine Gutschrift. Damit reduziert sich die Dokumentenvielfalt.

Individual Sourcing
Eigenständige und unabhängige Beschaffung.

Internal Sourcing
Unmittelbare geografische Nähe zum Lieferanten zum Beispiel in Form von Industrieparks; Ansiedlung von Kernlieferanten; Ansiedlung von Lieferanten in der Produktionsstätte; der Lieferant übernimmt den Einbau seiner Teile.

Just-in-sequence-Belieferung
Der Begriff steht für eine weiterentwickelte Just-in-time-Methode. Bei einer Just-in-sequence-Belieferung wird nicht nur zum richtigen Zeitpunkt und in der korrekten Menge geliefert. Zusätzlich beinhaltet diese Methode eine vollständige Synchronisierung mit dem Fertigungsablauf des Kunden – ein genaues Einpassen in den Produktionsfluss des Abnehmers. Die benötigten Produkte oder Systeme werden erst produziert und geliefert, wenn sie tatsächlich benötigt werden. Damit das Verfahren reibungslos funktioniert, müssen alle liefer- und produktionsrelevanten Daten von Herstellern und Zulieferern gemeinsam genutzt sowie die betrieblichen Abläufe aufeinander abgestimmt werden.

Just-in-time-Belieferung
Lieferung der Waren synchron zum Bedarf des Bestellers.

Kanban-Systeme
Auffüllen nach Entnahme, selbstständiges Ordern von Objekten durch den Auftraggeber.

Kommissionierung

Das Zusammenstellen von Artikeln nach vorgegebenen Aufträgen. Normalerweise werden die Artikel sofort nach Kundenaufträgen zusammengestellt (»Filial- beziehungsweise Kundenkommissionierung«). Bei einer zweistufigen Kommissionierung werden in der ersten Stufe alle Aufträge gesammelt und artikelweise kommissioniert. In der zweiten Stufe geht es darum, die Verteilung entsprechend der Kundenaufträge vorzunehmen (»Artikelkommissionierung«).

Konsignationslager

Verzicht des Abnehmers auf ein eigenes Lager. Der Lieferant stellt dem Abnehmer Lagerfläche zur Verfügung.

Local Sourcing

Beschaffung im regionalen Umfeld des Unternehmens.

Modular Sourcing

Durch Modular Sourcing werden Fertigungsprozesse zum Lieferanten ausgelagert. Ergebnis sind komplexere Beschaffungsobjekte. Dies erfordert jedoch eine stärkere Integration des Lieferanten in den Beschaffungsprozess.

Multiple Sourcing

Einfache Teile lassen sich über mehrere austauschbare Lieferanten beschaffen. Dieses Multiple Sourcing soll die Flexibilität erhöhen. Außerdem will man über diesen Weg den Wettbewerb zwischen den Lieferanten stimulieren. Der Einsatz von mehreren Lieferanten erweist sich besonders bei A- und B-Lieferanten als effizient.

Multi-Price Auction (Cherry-Picking Auction)

In einer Auktion werden für mehrere Produkte jeweils einzeln Preise abgegeben. Der Zuschlag kann je nach Preisstellung je Produkt auf unterschiedliche Lieferanten fallen.

Multi-Position Auction

In einer Auktion werden mehrere Produkte gleichzeitig verauktioniert.

National Sourcing

siehe Domestic Sourcing.

Packaging Buying

Für die gesamte Produktpalette wird nur ein Anbieter genutzt. Dadurch entsteht ein minimaler Koordinationsaufwand.

Parametric-Auction

Bei dieser Auktion gelten neben dem Preis weitere quantitative oder qualitative Parameter wie Skonto, Zahlungsziel, Lieferfristen usw. als variable Größen.

Ranking-Auction

Die Sicht der Bietenden innerhalb der Auktion beschränkt sich jeweils nur auf das Ranking des eigenen Preisgebots.

Reichweite

Zeitspanne, in der ein Lagerbestand ohne zusätzlichen Materialkauf voraussichtlich ausreichen würde, den geplanten Absatz zu decken.

Reverse-Auction

Auktionstyp, bei dem ein möglichst niedriger Preis erreicht werden soll. Die Auktionsteilnehmer unterbieten sich gegenseitig. Den Zuschlag erhält – Differenzierungen sind möglich – der preisgünstigste Anbieter.

Scorecard-Auction

Die Lieferanten werden zunächst einer Bewertung unterzogen. Auf Grund des Ergebnisses ergänzt der Nachfrager die Preisstellung der jeweiligen Lieferanten um qualitative Bewertungsmerkmale. Bei einer Scorecard-Auction erhält nicht zwangsläufig der günstigste Bieter den Zuschlag.

Ship-to-line-Belieferung

Direkte Belieferung des Abnehmers, ähnlich wie Just-in-time. Nicht fertigungssequenzgerechte, sondern blockweise Anlieferung.

Single-Position Auction

Die Auktion bezieht sich nur auf eine Leistung aus einem größeren Angebot.

Single-Price Auction (Bundle Auction)

In einer Auktion wird für mehrere Produkte nur ein Preis abgegeben. Dieser kann sich aus der Gesamtheit der Einzelpreise errechnen. Nur der Bündelpreis gilt schließlich als Bewertungsmaßstab.

Single Sourcing

Die Beschaffung von komplexen Systemen erfordert die Integration des Lieferanten. Eine intensive Zusammenarbeit bei einem Produkt ist jedoch normalerweise nur mit einem Lieferanten möglich. Der Trend in der Beschaffung geht heute in die Richtung Single Sourcing.

Stock Sourcing

Hohe Lagerbestände sollen Versorgungssicherheit gewährleisten. Ratsam nur für C-Artikel.

Sole Sourcing

Eine Spezialform des Single Sourcing. In diesem Fall genießt der Lieferant eine Monopolstellung.

Target Costing

Beim Target Costing, der Zielkostenrechnung, gelten der realisierbare oder geschätzte Verkaufspreis sowie der gewünschte Gewinn als Basis.

Target Pricing

Der vom Markt geforderte Preis (»Target Price«) wird zur Messlatte für die gesamte Entwicklung des angefragen Produkts beziehungsweise der gewünschten Leistung. Kostenstruktur und Qualitätsmerkmale der Sach-/Serviceleistung sind auf diesen Preis auszurichten.

Third Party Buying
Der Abnehmer beschafft nicht direkt, sondern schaltet einen selbstständigen Absatzmittler ein.

Unit Sourcing
Die einzelnen, einfachen Beschaffungsteile werden erst am Ende des Wertschöpfungsprozesses zu einer funktionierenden Einheit zusammengesetzt.

Verkaufs-Auktion/VK-Auktion
Höchstbietende erhalten den Zuschlag vom Verkäufer.

XYZ-Analyse
Die XYZ-Analyse verfolgt das Ziel, Artikel nach dem Auftreten ihres Verbrauchs zu klassifizieren. X-Güter werden konstant verbraucht; Verbrauchsschwankungen sind selten; die Vorhersagegenauigkeit ist hoch. Bei Y-Gütern unterliegt der Verbrauch einer stärkeren Schwankung – oft aus trendmäßigen oder saisonalen Gründen. Dementsprechend durchschnittlich ist die Vorhersagegenauigkeit. Z-Güter werden völlig unregelmäßig verbraucht. Eine genaue Vorhersage wird damit kaum möglich. Häufig werden XYZ- und ABC-Analyse miteinander kombiniert.

Anhang

Ein persönliches Angebot an meine Leser

Bevor wir bei unseren Kunden eine umfangreiche Potenzialanalyse durchführen, bitten wir sie erst einmal darum, einen Fragebogen auszufüllen. Nach Auswertung der Antworten können wir ihnen dann bereits unsere ersten Eindrücke über die Qualität ihres Einkaufs vermitteln. Auch Sie, liebe Leserinnen und Leser, haben die Chance, von diesem Service zu profitieren.

Name des Unternehmens, Standort

____

Branche

____

Name, Vorname des Ansprechpartners für den Fragebogen

____

Telefon, Telefax, E-Mail

____

Sofern Ihnen Daten und Informationen nicht exakt zur Verfügung stehen, nehmen Sie bitte eine Schätzung vor. Bitte vermerken Sie in diesen Fällen, dass der Wert geschätzt wurde.

Wie viele Mitarbeiter sind im Einkauf beschäftigt?

Wie viele von diesen Mitarbeitern verhandeln mit Lieferanten?

Welche direkten Produktionsmaterialien werden beschafft, und mit wie vielen Lieferanten arbeiten Sie zusammen? Wie verhält sich die Jahresvolumenverteilung für das laufende Geschäftsjahr beziehungsweise für das zurückliegende Geschäftsjahr? Bitte stellen Sie uns eine Warengruppenstruktur zur Verfügung.

Produktionsmaterialien (direkter Bedarf)	Volumen in Euro	Anzahl Lieferanten

Welcher Organisationsbedarf beziehungsweise welche indirekten Produktionsmaterialien (Materialgruppen/Einzelmaterialien) werden beschafft, und wie hoch ist die jeweilige Lieferantenanzahl? Wie sieht die entsprechende Volumenverteilung aus?

Einige beispielhafte Materialgruppen haben wir bereits vorgegeben. Bitte ergänzen oder streichen Sie diese analog Ihres Bedarfs. Falls der Einkauf nicht für alle Bestellungen zuständig ist, fragen Sie bitte bei den Auftraggebern die entsprechenden Informationen ab.

Organisationsbedarf (indirekter Bedarf)	Volumen in Euro	Anzahl Lieferanten
Verpackungsmaterial		
Hilfs- und Betriebsstoffe		
Werkzeuge/Maschinen		
Maschinenwartung		
Maschinenreinigung		
Fuhrpark/Gabelstapler		
Gebäudereinigung		
Telekommunikation		
IT-Hardware		
Personaldienstleistungen		
Sonstige Dienstleistungen		
Energie		
Werbematerial		
Marketingleistungen		
Logistikleistungen		

Bestimmte Materialgruppen beziehungsweise Einzelmaterialien sind zum Beispiel aus produktionstechnischer Hinsicht besonders sensibel zu behandeln. Bitte nennen Sie uns diese und geben Sie den konkreten Grund hierfür an.

Bedarf	Grund

Welche Rahmenbedingungen oder Vorgehensweisen müssten sich ändern, so dass sich bei Materialgruppen oder Einzelmaterialien Optimierungspotenziale ergeben? Wie hoch schätzen Sie eine mögliche prozentuale jährliche Verbesserung in diesen Bereichen ein?

Bedarfe	Potenzial
	Prozent
	Prozent
	Prozent
	Prozent
	Prozent

Wird der Einkauf konsequent in jeden Beschaffungsprozess eingebunden?

□ ja □ nein

Ausnahmen/Begründung:

Wie schätzen Sie das Verhältnis zwischen planbarem und Ad-hoc-Bedarf ein? Welcher Bedarf ist meist nicht planbar und aus welchem Grund?

Planbarer Bedarf ____ Prozent

Ad-hoc-Bedarf ____ Prozent

Bei welchen Materialgruppen oder Einzelmaterialien wird in der Beschaffung mit anderen Standorten zusammengearbeitet?

____

____

Wie viele Bestellungen erteilen Sie jährlich?
_____ Bestellungen/Jahr

Wie hoch ist der durchschnittliche Bestellwert?

_____ Euro

Wie viele aktuelle Rahmenverträge existieren in Ihrem Hause?

_____

Welches DV-System wird in Ihrem Unternehmen genutzt?

____

Sofern vorhanden, legen Sie dem Fragebogen bitte die folgenden Unterlagen bei:

Unterlagen/Informationen	Liegt bei
Unternehmensorganigramm	□
Einkaufsorganigramm	□
Warengruppenstruktur	□
Ausschreibungsunterlagen (2 bis 3 Beispiele)	□
ABC-Analyse über die direkten Produktionsmaterialien	□
Einkaufsrelevante Teile des Prozesshandbuchs oder interner Richtlinien	□

Ihre Daten unterliegen natürlich dem Datenschutz.

Register